CHARLES,

OU

LA COUR DE NAVARRE.

CHARLES,

OU

LA COUR DE NAVARRE;

ROMAN HISTORIQUE.

Par M.me GUENARD-DE-MÉRÉ,

Auteur des Mémoires de la princesse de Lamballe.

~~~~~~~~~~~~~

TOME TROISIÈME.

~~~~~~~~~~~~~

A PARIS,

Chez LEROUGE, Libraire, Cour du Commerce,
Quartier St.-André-des-Arcs.

—————*—————

1817.

CHARLES,

OU

LA COUR DE NAVARRE.

~~~~~~~~~~~~~~~~~~~~~~~~~~~~

CHAPITRE PREMIER.

———

LE marquis de Rosales avait le plus vif désir d'apprendre ce que son épouse lui avait promis de lui révéler, et elle n'en avait pas moins de se justifier pleinement dans l'esprit d'Emmanuel. Elle profita donc du premier instant où ses forces le lui permirent, pour engager le marquis à l'entendre; et afin de n'être pas interrompus, ils se rendirent dans un pavillon, au fond du jardin,

où ils ne furent pas plutôt assis,
que Carolina commença en ces
termes :

HISTOIRE

d'Eléonore de Gonzague, duchesse de Sambrena.

« Je n'entrerai point avec vous,
mon cher Emmanuel, dans le détail de la naissance et de l'éducation d'Eléonore : vous savez aussi
bien que moi combien la maison
de Gonzague est illustre. Le beau
ciel de l'Italie vit naître mon amie
à l'époque où déjà quelques Grecs,
las d'un joug qui leur devenait insupportable, venaient chercher
un asile dans les murs de l'an-
cienne reine du monde, et y ap-

portaient le goût des arts et les connaissances qui les ont si long-tems rendus les maîtres de leurs vainqueurs. Ces hommes célèbres par leur génie et leurs malheurs, s'attachaient aux maisons les plus considérables d'Italie, et celle de Gonzague ne fut pas la dernière à signaler son respect pour les sciences. Plusieurs hommes de lettres trouvèrent dans le palais de ces princes un toit hospitalier, les égards dus à l'infortune : ceux-ci leur en témoignèrent leur reconnaissance en veillant à l'éducation de leurs enfans.

» Le marquis de Gonzague avait un fils et une fille : Eléonore devint l'émule de son frère, et ne tarda pas à le surpasser ; la profondeur de son esprit, la justesse de son jugement la rendirent susceptible des études les plus abstraites, sans négliger les occupations qui convenaient spécialement à son sexe, et dans lesquelles elle réussissait parfaitement. Vous pouvez vous le rappeler ; on la regardait comme un prodige dans tous les genres : belle à ravir; une taille de nymphe : on ne pouvait la voir danser sans en être charmé : sa voix était ravissante. Mais toutes ces qualités extérieures n'étaient rien en comparaison de celles de son ame : bonne, sensible, attachée à ses devoirs, elle avait tout reçu de la Divinité pour faire le bonheur de ce qui l'entourait, et fut la plus infortunée des épouses et des mères.

» Le marquis de Gonzague avait été nommé ambassadeur du roi de Sicile à la cour de France; il s'y rendit avec sa femme et ses deux enfans. Mademoiselle de Gonzague venait d'avoir treize ans : elle se faisait un extrême plaisir de ce voyage, et elle n'y rencontra que peine et douleur.

» A peine arrivés à Paris, la marquise de Gonzague tomba malade dangereusement, et mourut dans la force de l'âge, et avec une constitution qui devait lui promettre de longs jours. Eléonore en ressentit une douleur extrême; elle aimait tendrement sa mère : elle avait en elle une confiance infinie, et rien de tous les malheurs qui l'ont assaillis n'aurait eu lieu si cette respectable mère avait vécu. Le marquis, qui trouva que la garde d'une fille de quatorze ans était beaucoup trop embarrassante pour un homme, et surtout pour un ambassadeur, qui, tout occupé des intérêts politiques, n'avait pas le loisir de veiller sur sa fille, se décida à la mettre dans un couvent; et, par une bizarrerie du sort, ce fut celui où ma tante, madame de Tanlai, m'avait mise pour me donner le goût de la piété, et où vous savez qu'elle espérait que je prendrais le voile.

» L'arrivée de la belle Italienne fut un événement dans le couvent;

on vint me le dire, et j'allai,
comme mes compagnes, au-devant d'elle. Je ne puis rendre
l'impression que j'éprouvai à sa
vue; le grand deuil dont elle était
enveloppée donnait à sa physionomie quelque chose de si tou-
chant, que je me sentis attendri
de sa douleur comme si elle m'eût
été personnelle. Eléonore m'a dit
bien des fois qu'elle avait aussi
ressenti pour moi une véritable
affection dès le premier jour que
nous nous vîmes. Ce fut cette affection qui lui fit demander à la
prieure si ce ne serait pas me
contrarier que d'avoir le même
appartement que moi : on me le
proposa, et je l'acceptai avec
joie. Alors se forma entre nous

cette amitié si vive et si constante,
qu'on la citait toutes les fois qu'on
voulait parler d'un attachement
sincère. Je ne fus pas long-tems
sans lui ouvrir mon cœur; elle sut
combien vous m'étiez cher; que
mon amour pour vous avait été
la cause de mon voyage en France, où mes frères m'avaient en-
voyée pour m'éloigner de vous.
Elle me plaignait sincèrement, et
me disait : — Ce n'est pas que je
sache de quelle nature sont les
maux que vous souffrez, n'en
ayant jamais eu la plus légère at-
teinte, mais par ma tendre amitié
pour vous. — Ne vous fiez pas,
lui disais-je, à votre indifférence; il
ne faut qu'un moment pour perdre cette liberté dont vous êtes si

fière. Et elle n'en voulait rien croire, quand on vint la demander à la grille. Les religieuses, qui allaient au chœur, me chargèrent d'accompagner mademoiselle de Gonzague au parloir. Nous fûmes assez surprises d'y trouver un religieux, mais si jeune, si agréable, que nous ne concevions guères ce qui l'amenait : il nous en instruisit bientôt. Il arrivait de Parme, où il avait vu une tante de Léonore qui l'avait expressément chargé de venir s'informer des nouvelles de sa nièce. Sa visite nous fit plaisir, et nous le reçûmes du mieux qu'il nous fut possible. Nous lui mandâmes s'il était Italien ; il nous dit que non, qu'il était Français ; que

ses supérieurs l'avaient envoyé à
Rome, et que c'était en revenant
de cette ville qu'il s'était arrêté à
Parme; qu'il y avait eu des lettres
de recommandation pour madame de Chiaramonte, dont la
grande piété et la haute noblesse
la mettait en rapport avec les
personnes les plus illustres et les
plus pieuses de Rome. Cette dame,
continua le religieux, me combla
de ses bontés tout le tems que je
fus à Parme; je n'eus d'autre maison ni d'autre table que la sienne.
Mais j'oublie, mesdemoiselles,
en vous racontant les bontés de
madame de Chiaramonte, que
j'ai laissé mon frère dans la cour,
qui n'y passe pas le tems aussi
agréablement que moi.

» Cette galanterie du jeune religieux nous plut ; et, pour prolonger le tems qu'il pouvait nous donner, je le priai d'engager son frère à monter avec lui au parloir. Oh ! combien je me suis reproché de fois cette imprudence, et combien ne l'avons-nous pas déplorée avec dom Ambrosio ! car c'est Ambrosio qui était ce jeune religieux, que l'on nommait alors Césaire, et qui changea de nom, comme vous le saurez par la suite de ce récit. — Dom Ambrosio ! Voilà, je l'avouerai, une chose que j'aurais peine à me persuader si vous ne me le disiez ; je l'ai toujours cru Espagnol. — Il avait appris la langue avec un grand soin, et il se fit nommer d'un nom en usage parmi nous.

» Revenons donc à Ambrosio, à qui je ne donnerai point d'autre nom : il alla en effet chercher son frère. Si nous avions trouvé le religieux d'une figure agréable, combien plus on pouvait être charmé en voyant son frère; il me parut qu'Eléonore éprouvait une impression nouvelle. Quant à moi, mon cœur était fermé à tout autre sentiment que celui dont vous l'aviez touché; mais je le trouvai aimable; et d'ailleurs il s'occupa aussi peu de moi que je fis peu d'attention à lui ; toutes les puissances de son ame s'adressèrent à ma belle compagne. Il m'a dit depuis, qu'à cet instant il lui semblait voir, pour la première fois, une femme telle que son imagination la lui avait offerte. « O Dieu! disait-il en lui-même, la voilà donc réalisée cette douce chimère qui jusqu'à ce jour m'a rendu indifférent à tout ce que j'ai rencontré! Mais la voilà, cette femme céleste! » Et il était prêt à ployer le genou et à adorer la déesse de la beauté sous les traits d'Eléonore.

Mon amie avait été quelque tems en silence et comme cherchant à savoir d'où lui venait le trouble qu'elle éprouvait : cependant, elle craignit que ce silence ne parut, aux yeux du frère d'Ambrosio, un manque d'égards; elle s'efforça donc pour lui dire quelques mots ; mais sa voix était mâl assurée, ses lèvres tremblaient ; un vif incarnat coloràit ses joues : enfin, je vis qu'elle éprouvait ce que j'avais ressenti un an avant pour celui que je devais aimer toute ma vie. »

M. de Rosales, sensible autant qu'il devait l'être à l'allusion que la marquise avait faite en mêlant à son récit le souvenir de leurs amours, lui prit la main, qu'il posa sur son cœur, et lui dit : « Il bat pour toi, ma chère Carolina, comme il battait alors. Mais, continue ce récit, qui m'intéresse vivement. » Et madame de Rosales reprit.

CHAPITRE II.

« JE crus devoir venir au secours
de mon amie, en engageant dom
Ambrosio à continuer ce qu'il
nous disait de madame de Chiaramonte, lorsqu'il s'était occupé
de son frère, et dom Ambrosio
nous parla encore quelque tems
de la tante de mon amie. Je dis
aux deux frères que je les trouvais bien heureux d'être aussi
unis. — Comment ne l'aimerais-je
pas? reprit M. de Chanvoiseau
(c'était le nom du frère d'Ambrosio)? je lui ai de si grandes
obligations, qu'il est bien peu de
frères qui en ait de semblables à

leur frère. — Ne le croyez pas, disait le bon religieux. — Croyez-moi, mais surtout soyez sûre, dit-il en regardant Eléonore, qu'il n'a jamais rien fait pour moi qui puisse être comparable au bonheur que je lui dois dans cet instant. Eléonore, qui ne pouvait soutenir la vivacité des regards de Chanvoiseau, tenait les yeux constamment baissés ; et pour ne point paraître avoir entendu la fin de la phrase, elle lui dit : « Vous assurez, Monsieur, que le révérend père a fait pour vous des choses rares ; lui soutient le contraire : ayez la complaisance de nous mettre à même de juger qui de vous deux a raison. — Rien de plus facile, mademoiselle.

» Nous sommes nés dom Cé-
saire et moi le même jour; ma
mère ayant extrêmement souffert
en nous donnant la vie, jura que
jamais elle n'éprouverait de pa-
reille douleur, et tint si exacte-
ment sa résolution qu'elle n'eut
que nous d'enfans. La fortune de
nos parens, sans être considéra-
ble, suffisait pour soutenir hono-
rablement le rang que leur naissance leur marquait dans la ville
d'Autun, où ils jouissaient d'une
considération méritée. Ils nous
donnèrent la meilleure éducation
qu'il leur fut possible, et nous les
perdîmes l'un et l'autre au moment où nous allions entrer au
service. Leur perte, qui nous fut
très-sensible, nous força à en-

tendre notre tuteur parler d'intérêts. On avait négligé, au moment de notre naissance, de mar-
qner qui était l'aîné *; de sorte
que l'on ne pouvait savoir à qui
appartenait le fief de Chanvoiseau ; on consulta tous les Au-
teurs, aucun n'avait prévu cette
position qui pouvait entraîner un
procès. Nous étions bien d'avis
tous deux de partager également,
mais la loi sur les fiefs ne le permettait pas. Césaire m'offrit un
désistement formel; je n'en vou-
lais pas, et il me fallait attendre
encore bien des années pour ter-

_____

* A cette époque, et long-tems après, la
loi sur celui que l'on devait regarder, entre
les jumeaux, comme l'aîné, était peu cer-
taine et laissait matière à discussion.

miner cette affaire, étant loin de la majorité.

» A quelque tems de là nous avions passé la nuit au bal : en rentrant je m'endormis si profondément, qu'il était dix heures du matin quand je m'éveillai ; je cherchai aussitôt mon frère, car il a toujours eu ma première pensée. Je ne le vois pas ; je l'appelle, il ne répond pas ; j'éprouve une vive inquiétude, quand un de nos domestiques m'apporte une lettre ; je l'ouvre avec précipitation, et j'y trouve ces mots :

Le 14 Mai 1350.

» Sois sans inquiétude, mon cher Arsène ; je te reverrai dans quelques mois. L'amour de voir du pays m'a déterminé à te quitter ; mais, je te le

répète, cette absence ne sera pas longue, et je reviendrai t'aimant encore
plus si cela était possible. Tout à toi.

CÉSAIRE.

» Je ne saurais exprimer la
douleur que cette lettre me causa ; il faut aimer comme nous nous
aimons pour avoir quelque idée
des maux de l'absence ; mais je les
ressentais plus vivement encore
par la pensée que mon Césaire
avait pu s'éloigner de moi volon-
tairement : je ne pouvais le concevoir ; il me semblait qu'il était
impossible qu'il pût désirer rien
qui le séparât de moi s'il m'aimait
comme il m'avait aimé jusqu'à ce
jour ; et s'il m'aimait moins, comment supporter la vie ? Je conçus
un si cruel chagrin de son ab-

sence que je tombai dangereusement malade; et, dans mon délire, je l'appelais sans cesse, et
je croyais toujours qu'il arrivait.
Enfin, après avoir langui pendant
plusieurs mois, je cherchai dans
l'étude à me distraire, et j'y réus-
sis. Cependant, je voyais les jours
s'écouler, et mon cher Césaire ne
revenait pas. Un jour que je reli-
sais un morceau de l'Iliade que
j'avais traduit en langue latine,
et qui avait quelque rapport
avec ma situation, j'entends ouvrir la porte d'une petite galerie
qui communiquait à la tourelle
où je travaillais : par un mouve-
ment involontaire, je me lève
comme pour aller au-devant de
quelqu'un qui m'était cher; et,

sans avoir réfléchi, je me trouvai
dans les bras de mon frère. La
joie, le saisissement que j'éprou-
vais étaient tels, que je ne voyais
rien autour de moi. C'était lui,
j'en étais sûr, tout le reste m'é-
tait indifférent. Mais quand ce
premier transport eut fait place
à la réflexion, que je cherchais
ses beaux cheveux blonds qui
flottaient sur ses épaules, il n'en
avait plus : son pourpoint cha-
marré d'or était remplacé par une
robe mi-partie noire et blanche.
— O ciel! m'écriai-je, qu'as-tu
fait, Césaire? — Ce qui seul pouvait terminer nos différends, ou
plutôt ceux de nos tuteurs : tout
est à toi maintenant puisque je
ne puis plus rien posséder. En

vain je voulus me persuader que
ce cruel sacrifice n'était pas con-
sommé; il m'assura qu'il ne m'aurait pas revu avant d'avoir pro-
noncé ses vœux, pensant bien
que je m'y serais opposé. Je vou-
lais alors m'enrôler parmi les dis-
ciples de Saint-Dominique pour
ne point le quitter; mais il me
répéta tant de fois que ce serait
alors lui rendre son état insupportable, puisqu'il ne l'avait em-
brassé que pour avoir la satisfaction de me voir exister honora-
blement dans le monde, qu'il
fallut bien que je lui cédasse. Cependant, comme j'ai voulu qu'il
conservât sur nos biens une forte
pension, elle lui sert à obtenir de
ses supérieurs, à qui il l'aban-

donne pour l'entretien de l'église du couvent, la permission d'être presque toujours chez moi; il ne se rend dans sa maison que le samedi jusqu'au lundi matin. Voilà, mesdemoiselles, ce qu'il a fait pour moi; jugez si l'on peut davantage. » Ambrosio reprit: « Depuis cet instant, n'ayant pas pas eu un moment de regret, je suis autorisé, ce me semble, à ne pas regarder ce que j'ai fait comme une chose si merveilleuse. » Nous ne fûmes pas de cet avis; Eléonore trouva, comme moi, que c'était au-dessus de tout ce qu'elle avait entendu dire dans ce genre. Nous conçûmes, dès cet instant, une sincère amitié pour dom Ambrosio, et nous le priâmes, s'il restait encore quelque tems à Paris, de venir nous voir. — Je crois, reprit Arsène, que nous nous y établirons. Où pourrions-nous être mieux ? — Vous voyez, mesdemoiselles, comme il dispose de moi. Et mes supérieurs ? — Je te ferai attacher à la chapelle du roi ; alors il faudra bien que tu restes dans la capitale. — Et parce qu'un attrait enchanteur, qui ne peut plus exister pour moi, l'enchaîne ici, monsieur prétend que je dois y rester. — Et je suis même sûr, ajouta M. de Chanvoiseau, que tu en seras très-content. ».

» Ce que nous regardions comme une plaisanterie s'effectua : dès le soir MM. de Chanvoiseau louèrent un fort bel hôtel près le palais du roi : ils y demeurèrent ; et comme nous le leur avions permis, ils vinrent presque tous les jours à la grille ; l'habit monastique d'Ambrosio lui servait de passe-port auprès des religieuses, et rien ne troublait la satisfaction que goûtait Eléonore dans la conversation des deux frères ; mais bientôt elle sentit qu'elle avait pour Arsène un sentiment tellement de préférence, qu'elle ne pourrait plus accepter sans une grande douleur tout autre époux que lui. Hélas ! le moment approchait où l'amorce trompeuse du bonheur allait se changer en amertume.

» Le duc de Sambrena venait d'être nommé, par le roi de Na-

varre, père de celui-ci, son ambassadeur à la cour de France. Il
y parut avec la magnificence qui
le caractérise ; et malgré qu'il eût
sept lustres accomplis, sa figure
était si régulière, qu'il pouvait
encore plaire à une personne
dont le cœur n'eût pas été préoc-
cupé. Les relations qui s'établi-
rent entre le marquis de Gonzague et notre ambassadeur devin-
rent très-intimes : ils se convenaient infiniment, et ils ne furent
pas long-tems sans désirer de
s'unir par des liens réciproques.
Le duc apprit que M. de Gonzague avait une fille fort belle, et
surtout très-aimable ; il lui demanda de la voir, et le marquis
amena au couvent Fernando,

qui fut ébloui des charmes d'E-
léonore : pour elle , elle n'eut pas
le moindre soupçon qu'il pensât
à l'obtenir ; il est un âge où l'on
ne suppose pas que passé trente
ans on puisse encore ressentir de
l'amour, et Eléonore était précisément à cet âge ; elle entrait
dans sa quinzième année ; et le
duc de Sambrena qui eût pu être
son père , ne lui parut nullement
devoir être un amant. Elle le reçut
donc sans aucun embarras , et
n'en fut que plus aimable. Le
duc , enchanté d'elle , pressa son
ami de la lui accorder ; M. de
Gonzague lui promit qu'il n'aurait point d'autre gendre que lui,
mais exigea qu'il garderait le secret de leur convention pendant

un an , ne voulant pas marier sa fille qu'elle n'eût quinze ans accomplis ; il lui permit seulement de la venir voir quelquefois à la grille. Comme il a beaucoup d'esprit et des manières très-nobles, sa société n'avait rien qui ne nous fût agréable, pour moi surtout à qui il parlait de vous comme d'un ami qui lui était cher. Il s'aperçut que j'avais quelqu'empire sur Eléonore, et il résolut de me faire servir à lui gagner le cœur de celle qu'il adorait, et vous devez vous souvenir qu'il vous écrivit et vous chargea de me parler de lui dans une lettre que vous m'adressâtes dans ce tems. — Oui, je m'en souviens, et de tout ce qu'il me mandait des deux amies: mais il gardait religieusement le secret qu'il avait promis au marquis. »

Madame de Rosales, fatiguée du long récit qu'elle avait déjà fait, demanda à son époux de se reposer; il l'en supplia, lui proposa même de remettre au lendemain; mais elle avait trop à cœur de porter la conviction dans l'ame du marquis pour laisser le moindre délai à sa justification; et elle reprit ainsi:

———

~~~~~~~~~~~~~~~~~~~~~~~~

CHAPITRE III.

———

« Nos jeunes amis étaient bien plus assidus à la grille que le duc, qui craignait, en venant trop souvent, de laisser entrevoir le sentiment qui l'animait et qu'il avait promis au marquis de ne point laisser pénétrer à Eléonore jusqu'au moment de la célébration du mariage. M. de Chanvoiseau, toujours plus aimable, prenait aussi de jour en jour des droits plus forts sur le cœur de ma malheureuse amie, qui ne se doutait en rien du danger auquel elle était exposée. Je n'en étais pas plus instruite : je voyais bien qu'Eléonore aimait Arsène ; mais j'aimais Emmanuel, et cet amour me rendait si heureuse ! pourquoi aurais-je dû croire que ce sentiment serait si funeste à mon amie ?

» Nous avions beaucoup parlé le matin de ce qu'il serait utile de faire pour que rien ne pût empêcher leur mariage. Rien, dit Eléonore, que de nous unir secrètement ; et c'est bien ce que je compte faire. Le frère d'Arsène, disait-elle, peut nous marier à la grille, et une fois mariés, rien ne pourra plus s'opposer à notre bonheur ; et si mon père exigeait que je lui obéisse pour en épouser un autre, je lui dirais : C'est

impossible! c'est impossible! je
suis mariée; et il faudrait bien
qu'il renonçât à son projet. Je
convins qu'elle avait raison; et il
est aisé de voir à quel point nous
en avions peu. Tout occupées
de ce beau projet, on nous demanda à la grille, et Eléonore fut
fort surprise en ne voyant qu'Ambrosio. — Qui a donc empêché
Arsène de venir? serait-il malade? — Une telle inquiétude est
bien flatteuse pour mon frère;
mais il se porte à ravir. Je suis
venu seul pour que nous puissions
causer un peu en liberté; car les
hommes que l'amour domine sont
insupportables; il faut toujours
être de leur avis. — Et comment
se fait-il, dit avec gaîté Eléonore,

que vous soyez d'un avis diffé-
rent d'Arsène? Nos projets ne
diffèrent que sur le tems plus ou
moins favorable pour mettre à
exécution le projet si cher à son
cœur, et je pourrais dire au mien.
— Il s'agit de votre union, chère
Eléonore, avec mon frère; il voudrait que, sans avoir tenté auprès de M. votre père de vous
obtenir, je prêtasse mon minis-
tère pour vous marier secrètement *. — Je crois que c'est ce
que nous avons de mieux à faire,
reprit Eléonore; je le disais ce
matin à Carolina. Mon père ne
consentira jamais à votre ma-

---

* Avant le Concile de Trente, ces sortes
de mariages étaient bons, et un père n'avait
pas le droit de les rompre.

riage, qui serait contraire à ses
vues ambitieuses; et qu'y gagne-
rions-nous à lui en parler, si ce
n'est un ordre de ne plus nous
voir. Profitons de la sécurité qui
règne autour de nous; soyons
unis; et tant que rien ne nous
forcera d'en convenir, gardons
le silence sur notre mariage, et
attendons des circonstances plus
heureuses. On me demanda mon
avis; je refusai de le donner : je
craignais trop les suites qu'il pouvait avoir; je connaissais toute la
violence de la passion d'Eléonore,
et je ne savais où pourrait se porter son désespoir si son père la
séparait pour jamais d'Arsène ;
d'un autre côté, il me semblait
qu'il y avait tout à redouter d'une

union clandestine et sans l'aveu d'un père. J'eusse voulu qu'on eût tenté au moins de savoir son opinion de manière à ne pas lui faire connaître la personne dont on voulait parler. Mais qui employer dans cette négociation? qui que ce soit n'était dans la confidence. Ainsi, il fallut s'en tenir au projet d'Eléonore et de son amant. Une chose me rassurait, c'était de penser qu'Eléonore restant au couvent, sa réputation n'en souffrirait point, et que l'on ne pourrait penser qu'elle avait eu d'autre désir que de s'assurer pour jamais le bonheur d'être à celui que son cœur préférait.

» Cette pensée, que je n'avais que vaguement, car j'étais aussi innocente qu'Eléonore, était un instinct de pudeur que la nature a donné à toutes les femmes tant qu'elles n'ont point franchi les bornes de la modestie qui appartient à leur sexe.

» Enfin, tout fut convenu; et dès le lendemain l'amoureux Arsène vint à genoux demander l'exécution de ce qu'il désirait : il fut arrêté que ce serait pour le jour suivant.

» Il n'y eut d'autre témoin de ce mariage, que moi et un vieux serviteur qui avait élevé M. de Chanvoiseau, et sur la fidélité duquel on pouvait compter. Nous signâmes tous deux l'acte que vous trouverez dans la cassette que je vous ai remise; les époux

et l'imprudent ministre le signè-
rent aussi. Vous êtes étonné d'une
telle folie ; mais si quelque chose
pouvait nous excuser, c'était
notre extrême jeunesse. Ces sermens solemnels ne changèrent
rien pendant plusieurs mois à
notre manière d'être avec MM.
de Chanvoiseau ; ils continuaient
à venir à la grille fort exacte-
ment, et les plaisirs de l'esprit et
du cœur semblaient suffire à Eléonore et à son époux, lorsque,
par le plus grand des malheurs,
ma tante, madame de Tanlai,
qui, depuis quatre ans que j'étais
au couvent n'avait jamais pensé
à m'en faire sortir, en eut tout-à-
coup l'idée. Voyant que je ne me
décidais pas à entrer au noviciat,

elle s'imagina que l'on ne faisait
point assez valoir auprès de moi
les raisons que j'avais de renoncer au monde, et elle voulut se
charger de me les rappeler à loisir, et se persuada qu'en m'em-
menant à la campagne pendant
quelque tems, elle parviendrait
à son but. Elle vint donc au
couvent , et m'annonça qu'elle
m'emmènerait avec elle près de
Lagny , où elle venait d'acheter
une charmante maison. Je lui dis
que je ne demandais pas mieux;
mais que je désirais bien que mademoiselle de Gonzague fût du
voyage. — Volontiers, dit madame de Tanlai; je le demanderai au marquis. J'allai faire part
de cet évènement à Eléonore ,

qui se mit à pleurer. — Que mon père y consente ou non, je n'en serai pas moi séparée pendant ce tems d'Arsène. — Ce ne sera que pour peu de ·jours. — O ·mon· amie ! l'absence est toujours trop longue quand elle n'a pas de tems marqué. Nos amis vinrent le soir; nous leur apprîmes ce voyage. Arsène n'en parut pas affligé; ce qui fâcha Éléonore; et comme il nous arrivait souvent, quand il s'élevait quelque nuage entre eux, nous restions à causer, Ambrosio et moi à un bout du parloir, et les époux allaient à l'autre : ils parlaient bas alors, et nous ne cherchions pas à les écouter. Cette conférence fut plus longue que de coutume, et je vis

sur le front d'Arsène briller la
joie la plus vive, qui ne me paraissait pas devoir être le sentiment que l'absence prochaine de
sa bien-aimée aurait dû lui faire
éprouver : je me gardai bien d'en
faire l'observation. Nous nous sé-
parâmes, et je promis à Ambrosio de le faire avertir dès que
nous serions de retour. Il parut
fort triste de nous quitter ; ce qui
contrastait avec l'air de gaîté de
son frère. Enfin, ils sortirent du
parloir, et un quart - d'heure
après ma tante me fit demander.

» Elle nous apportait, à Eléonore et à moi, de très-beaux habits de cheval, avec des toques
surmontées de longues plumes.
—J'ai la permission, dit-elle, que

vous ameniez votre amie : voici des habits que le marquis vous envoie ; vous les mettrez demain pour faire à cheval le chemin avec moi. Ils me parurent charmans, mais bien éclatans pour une personne que l'on voulait faire religieuse. Eléonore en fut enchantée, et j'imaginai qu'elle pensait avec un plaisir extraordinaire à ce que cet habit ajouterait à ses charmes. Cela me semblait une coquetterie bien déplacée; mais je gardai le silence.

» Le lendemain, nous partîmes à cinq heures du matin; et nous n'étions pas au faubourg Saint-Antoine, que nous vîmes venir à nous une troupe assez nombreuse. J'éprouvai un moment d'inquiétude, qui se dissipa bientôt quand je sus que c'était M. de Gonzague qui venait nous accompagner avec le duc. L'air de contentement qui se peignait dans toute la personne d'Eléonore , la rendait ravissante ; aussi Fernando avait toutes les peines du monde à se contraindre , et je crus démêler qu'il avait des sentimens beaucoup plus vifs pour mon amie que ceux qu'il me témoignait ; ce qui me causa pour elle et pour Chanvoiseau une extrême inquiétude.

» Le chemin se passa le plus agréablement du monde : ces messieurs avaient fait préparer dans le bois de Vincennes une halte magnifique ; des musiciens

cachés dans le bois exécutèrent
des morceaux charmans. Le repas fini, on nous présenta des
chevaux frais, et nous continuâ-
mes notre route gaîment. Ma
tante oubliait ses projets sur moi;
et comme elle aimait le monde,
elle se livrait volontiers aux plaisirs de la société. Quant à moi,
tant de galanterie me parut de
fort mauvais augure pour mon
amie. Je savais bien qu'on ne
pouvait pas, étant mariée, la
forcer à en épouser un autre,
mais je voyais tous les embarras
où elle se trouverait. Je me sentais aussi très-compromise, lorsque l'on viendrait à savoir qu'E-
léonore était mariée; ce qui me
rendit aussi triste, aussi rêveuse

que mon amie était gaie et folâ-
tre. Le duc s'en aperçut, et vint
en caracolant ranger son cheval
auprès du mien, et me demanda
le sujet de la tristesse qui semblait m'accabler. — Ah! si Emmanuel était ici, lui dis-je. — Vous
irez bientôt le rejoindre, me dit-il;
je vous en donne ma parole, et
vous serez unis, j'en jure foi de
chevalier. — Et qui peut, lui dis-
je, vous donner cette assurance?
— Il m'est impossible de vous le
dire maintenant, mais je ne tar-
derai pas, à ce que j'espère, à
vous en instrnire.

» Nous arrivâmes à Lagny. La
maison de ma tante était dans les
faubourgs, et une partie de ses
jardins donnait sur cette belle

prairie que la Marne arrose. Le souper le meilleur nous attendait, et ma tante qui savait combien nous nous aimions, nous avait donné le même appartement à Eléonore et à moi. La soirée était si belle, qu'on se promena jusqu'à minuit. Lorsque nous fûmes retirées, je m'endormis profondément : réveillée dès l'aurore, je cherche mon amie, et ne la trouve point; je pense qu'elle est allée se promener; et comme je vis qu'il était encore très-matin, je ne me levai point, et j'attendis qu'Eléonore revînt; elle ne tarda pas. Il me semblait qu'elle avait l'air contraint avec moi. Lorsque je lui demandai s'il y avait long-tems qu'elle était levée, elle rougit', et me répondit en baissant ses longues paupières, qu'il y avait plus de trois heures. — C'était donc au milieu de la nuit ? Elle ne répondit plus et elle se mit au lit, où elle s'endormit. Je ne concevais rien à cette aventure. Comment me faisait-elle un mystère d'une démarche aussi simple, tandis qu'elle m'avait confié les plus importantes de sa vie ? Cependant je n'y pensais pas le lendemain; car à l'âge où j'étais, on ne s'occupe pas long-tems de la même chose.

» Plusieurs jours se passèrent sans amener aucun événement remarquable. Le duc et le père d'Eléonore rendaient la société fort agréable par leur esprit et le

soin qu'ils mettaient à paraître
aimables. Ils nous quittèrent le
cinquième jour, en nous promet-
tant de venir nous reprendre
quand madame de Tanlay voudrait revenir à Paris. — Ce n'est
pas encore cette semaine, dit
Eléonore à ma tante? — Non, reprit-elle, nous resterons tout le
mois. Et je vis que mon amie en
parut très-aise. Sa santé, en effet,
était bien meilleure qu'au couvent : elle était beaucoup plus
gaie, et je remarquai qu'elle con-
tinuait ses promenades aux pre-
miers rayons du jour, et qu'elle
revenait toujours plus fraîche et
plus heureuse.

» Le mois se passa, car le tems
entraîne tout; plaisir, chagrin,

amour, haine, sceptre, houlette;
il fait tout disparaître; et nos
plus douces jouissances sont toujours empoisonnées par cette pensée : Elles finiront.

» Mon amie fit de même sa
promenade le jour du départ,
mais elle n'en revint pas comme
les autres jours l'air gai et con-
tent; au contraire, sa physionomie était abattue, ses yeux étaient
rouges et gonflés comme une personne qui a beaucoup pleuré; et
comme elle craignit que je m'en
aperçusse, elle me dit qu'elle
avait un grand mal de tête, et
qu'elle était très-enrhumée. Je fis
semblant de le croire; j'étais aussi
étonnée de la tristesse qu'elle ressentait en quittant Lagny, que je

l'avais été du plaisir qu'elle avait
eu à y venir ; et je ne concevais
pas, quand on aimait aussi vivement qu'elle disait aimer M. de
Chanvoiseau, qu'on pût supporter l'absence aussi tranquillement,
moi que la vôtre rendait si malheureuse, et je trouvais qu'Eléonore aimait bien faiblement. Hélas ! je ne savais pas ce que j'appris plusieurs mois après. M. de
Chanvoiseau, instruit par sa femme du séjour qu'elle allait faire à
Lagny , voulut en profiter pour
obtenir enfin de celle qu'il adorait quelques momens de liberté
où il pût, sans témoin, lui exprimer son amour.

» Nous n'étions pas à Lagny
qu'Arsène y était déjà : il avait

loué, sous un nom supposé, une
maison qui donnait sur la prairie,
non loin de Saint-Thibaut; il n'y
avait pas cinq minutes de chemin. Là il demeurait tout le jour
sans sortir, et c'est là que madame
de Chanvoiseau venait trouver
son époux, au risque mille fois
d'être rencontrée par son père ou
par un des gens de madame de
Tanlai. Elle m'avait fait un mystère de ces dangereux rendez-
vous, parce qu'elle craignait que,
par attachement pour elle, je ne
voulusse m'y opposer, et je re-
vins à Paris sans en avoir la moindre idée.

» De retour au couvent, nous
revîmes nos amis; mais la joie
que j'avais à les retrouver, car je

les aimais comme mes frères, fut bientôt troublée quand je sus que M. de Chanvoiseau partait pour suivre le roi Jean qui allait faire la guerre aux Anglais. Eléonore pleura beaucoup ; Chanvoiseau l'assura qu'elle ne devait rien craindre ; que le roi avait la plus belle armée qu'on pût voir ; qu'il n'était question que de chasser l'ennemi du Poitou, ce qui n'était pas difficile avec des troupes nombreuses et aguerries ; qu'enfin avant deux mois il serait de retour. Et, pour éviter de trop tristes adieux, il promit de revenir le lendemain, mais il n'en fit rien, et partit. J'eus toutes les peines du monde à consoler Eléonore ; il semblait qu'un triste pressentiment l'avertissait de son sort.

» Dom Ambrosio vint le soir: du plus loin qu'Eléonore l'aperçut, elle lui dit : « Je ne le verrai plus ! — Et pourquoi donc, ma sœur, avoir cette pensée? » Hélas ! elle ne se réalisa que trop! Vous vous souvenez de la triste et malheureuse journée de Maupertuis, où le roi fut fait prisonnier; Chanvoiseau y périt presqu'au commencement de l'affaire. Qui peindra la douleur d'Ambrosio et d'Eléonore ! Le premier, moins malheureux, pouvait au moins exhaler sa peine et parler de l'objet de ses justes regrets à tous ceux qu'il rencontrait, tandis qu'Eléonore était obligée de renfermer sa douleur dans son ame ou de ne la répandre que dans mon sein. Je crus qu'elle succomberait à tant de souffrances : sa santé était très-mauvaise ; et nous ne pensions ni l'une ni l'autre à ce qui causait le dérangement sensible qu'elle éprouvait.

» Cependant, l'année que le marquis de Gonzague avait demandée au duc pour réaliser leurs projets, était écoulée, et M. de Sambrena, qui avait pris une passion très-vive pour Eléonore, somma le marquis d'accomplir sa promesse. Celui-ci, sans daigner s'informer de la volonté de sa fille, et persuadé, parce qu'elle avait toujours été polie et attentive avec le duc, comme étant un

ami de son père, qu'il ne lui dé-
plairait pas, vint prendre Eléonore au couvent; l'amena à l'hôtel, où, en arrivant, quatre
femmes - de - chambre s'emparè-
rent d'elle et la revêtirent en un
instant de la plus magnifique pa-
rure. Vous étiez à Paris à cet instant, et vous vous souvenez sans
doute qu'Eléonore demandait
pourquoi sa robe était si écla-
tante; quelle raison de la charger
de diamans et de fleurs; et ses
femmes souriaient et ne lui ré-
pondaient pas.

» Dès qu'elle fut habillée, le
marquis vint la prendre, et la
conduisit dans une chapelle où
était toute la cour. Elle ne put
douter de son malheur en voyant

au bas de l'autel deux coussins, sur l'un desquels était le duc. Son père lui fit signe de se placer sur l'autre. Qui peindra ce que cette ame douce et sensible éprouva! elle crut mourir; mais elle n'eut pas la force de désobéir au marquis en présence d'une aussi nombreuse assemblée; elle pensa que M. de Gonzague ne le lui pardonnerait jamais; et espérant mourir de sa douleur, elle consomma son sacrifice sans savoir ce qu'elle faisait, tant elle était accablée d'un événement si inattendu.

» En sortant de la chapelle, elle demanda en grace à son époux de lui permettre de rentrer au couvent pour quelques jours, afin d'y accomplir, dit-

elle, un vœu qu'elle avait fait. Je
me rappelle la surprise que cette
retraite causa : quoique le duc en
éprouvât la plus forte contrariété, il n'osa pas s'y opposer; et,
après le repas , où il y avait plus
de cent convives , vous savez
qu'on la ramena à l'abbaye , où,
sans rien apprendre de son changement d'état, ni à la supérieure,
ni à ses compagnes, elle feignit
un mal de tête si violent, qu'elle
était obligée , disait-elle, de se
retirer dans son appartement ,
qui , comme vous savez , nous
était commun.

» Dès que je la vis entrer, l'état
où elle était m'effraya; la pâleur
de la mort couvrait son front.
Elle se jeta dans mes bras, et y

5.

resta plusieurs minutes sans pouvoir proférer un mot. Enfin,
lorsque ses larmes se furent fait
un passage et qu'elles eurent sou-
lagé l'oppression qui lui ôtait la
faculté de s'exprimer, elle me dit:
« La veuve de l'infortuné Cham-
voiseau est maintenant l'épouse
du duc de Sambrena. » Ces mots
me parurent l'effet d'un délire
causé par une fièvre violente;
mais bientôt elle me confirma
son malheur en me donnant les
détails que je viens de vous faire.
Elle paraissait décidée à ne pas
quitter le couvent, et à y prononcer des vœux qui la sépare-
raient pour toujours de celui
qu'elle avait commencé à haïr
dès l'instant qu'il avait pris sur

elle des droits qu'elle regardait
comme ne devant jamais appar-
ténir à d'autre qu'au malheureux
Arsène.

» Je fis l'impossible pour la dé-
tourner de ce projet : je lui fis
sentir combien il offenserait son
père et le duc, qui n'était point
cause de l'espèce de violence que
son père avait exercée contre
elle ; mais elle persista dans son
dessein, et le lendemain elle alla
trouver la prieure, et la supplia
de la recevoir au noviciat. La
prieure, fort étonnée, lui dit
qu'elle ne pourrait l'accepter que
du consentement de M. de Gonzague, qu'elle allait en instruire.
Le marquis accourut, jeta feu et
flammes, dit à la prieure que sa

fille était mariée, et que si elle persistait dans ce projet, il lui donnerait sa malédiction. La prieure, toute étonnée de ce qu'elle entendait, et ne voulant point se mettre à partie des hommes aussi importans que le duc et le marquis, promit de tout employer pour faire renoncer Eléonore à ce dessein. Le marquis ajouta qu'il ne reverrait sa fille que lorsqu'elle aurait consenti à venir partager la demeure de son époux.

» La menace de son père opéra plus sur l'esprit d'Eléonore que tout ce que la prieure et moi avions pu lui dire. Au bout de neuf jours, tems qu'elle avait d'abord fixé pour l'accomplissement de son vœu, elle se rendit à la vive impatience du duc, qui ne sut pas qu'elle avait tenté de se soustraire à son autorité, ou plutôt à l'ardeur de son amour. Elle se soumit à son sort, et vécut avec son époux d'une manière si attentive à remplir ses devoirs, qu'il ne s'imaginait point qu'ils lui étaient pénibles.

» Le duc qui désirait rendre sa femme heureuse, crut que notre réunion pourrait y contribuer. Il obtint de ma tante que je quitterais le couvent, pour lequel il était clair que je n'avais nulle vocation, et que je partirais avec mon amie pour l'Espagne, où, comme vous savez, vous nous aviez précédées.

» La duchesse eut une grande joie de m'avoir avec elle; sa santé était très-mauvaise, et ses chagrins allaient croissans. Les médecins avaient décidé qu'elle était enceinte, et ce qui aurait dû la rendre heureuse la jetait dans un trouble et un chagrin indicibles. Ce fut alors que ne pouvant supporter seule le poids de ses inquiétudes, elle m'apprit ce que j'ai dit plus haut de ses rendez-vous avec son premier mari, de sorte qu'elle ne pouvait savoir si l'enfant qu'elle portait était à Chanvoiseau ou au duc. Elle eut bien voulu voir Ambrosio, pour lui demander ce qu'elle devait faire; mais il avait été convenu dans les derniers entretiens qu'elle

avait eus avec lui pendant les
neuf jours qu'elle avait passés au
couvent après son second mariage, qu'Ambrosio ne paraîtrait
point à l'hôtel de l'ambassadeur,
qu'il obtiendrait une obédience
pour aller en Espagne, et qu'aussitôt qu'il y serait arrivé, il se
ferait présenter au duc sous le
nom d'Ambrosio, et trouverait
ainsi le moyen de consoler la duchesse dans ses peines, qu'elle ne
croyait pas alors devoir être si
vives. Il ne restait donc à la pauvre Eléonore pour guide qu'une
jeune personne de seize ans; je lui
donnai néanmoins le seul conseil
que je crus utile dans sa position,
ce fut celui de garder le plus profond silence.

» La duchesse, interrompit M. de Rosales, ne pouvait ôter à son fils son état ; car, jusqu'à l'époque de la naissance, on ne pouvait savoir, à qui de Chanvoiseau ou du duc, il devait la vie. — Ce fut ce que nous pensâmes, et Eléonore se tut ... Le marquis de Gonzague nous avait accompagnés à Toloza ; il avait obtenu son rappel, et il passa deux mois dans la terre du duc. Je ne vous rappellerai aucune circonstance de ce séjour à Sambrena, je crois qu'elles vous sont présentes. — Oui ; sûrement, et je n'oublierai jamais que ce fut là que je reçus un aveu si désiré.

» Don Ambrosio ayant obtenu de passer en Navarre se fit pré-

senter à Sambrena, où nous fei-
gnîmes de ne pas le connaître;
depuis ce tems, il fut l'ami, le
consolateur de la duchesse.

» La pauvre Eléonore avan-
çait dans sa grossesse beaucoup
plus qu'elle ne l'aurait désiré, et
avant sept mois révolus de son
mariage elle mit au monde Vicente. Le duc dissimula assez mal
son mécontentement. Le marquis
défendait sa fille, qu'il ne pouvait
croire capable d'avoir manqué à
l'honneur. Mais personne ne la
servit aussi efficacement qu'Ambrosio : ami du médecin du duc,
il lui apprit sous le sceau du secret l'étonnante situation où s'é-
tait trouvée la duchesse. Le médecin gagna ses confrères, et ils

décidèrent que l'enfant était venu avant terme malgré qu'il eût tous les signes du contraire. Le duc, satisfait par cette déclaration, s'attacha à cet enfant. Il était infiniment cher à sa mère, mais elle n'en était pas moins affligée jusqu'au fond du cœur, pensant qu'elle ne pouvait lui donner le nom de son père, et qu'elle se trouvait contrainte, par des circonstances sans exemple, à laisser son fils usurper un nom, un titre et des biens immenses dont la loi, il est vrai, le mettait en possession, mais qu'elle ne pouvait se dissimuler ne pas lui appartenir. Elle convint dès-lors de me rendre dépositaire de tous les papiers nécessaires, afin que son

---

fils, aussitôt qu'elle serait morte, prît une connaissance parfaite de son sort, et qu'il choisît ce qu'il voudrait être, ou duc de Sambrena, ou le sire Chanvoiseau. Je n'ai pas cru devoir encore lui révéler ce mystère ; j'ai pensé que c'était causer un chagrin réel au duc. — Il y aurait infiniment de danger dans ce moment-ci, reprit Emmanuel, à faire cette révélation, qui rendrait le sort de ce jeune homme bien plus dangereux : on n'ignore point que le roi hait les Français ; si Vicente a le bonheur d'échapper à la barbarie de Charles, je crois que ne pouvez lui taire plus longtems le secret de son existence ; et, s'il est digne de sa malheureuse mère, il ne balancera pas à quitter un rang qui n'est point à lui et qui ne changera rien au projet que j'ai de lui donner ma fille, si l'amour qu'il a pris pour Isabelle ne s'oppose point à nos desseins. »

Le marquis trouva dans les papiers que sa femme lui avait remis, les preuves les plus convaincantes de tout ce qu'elle lui avait dit, et leur réconciliation fut parfaite.

CHAPITRE IV.

DEPUIS ce tems M. et madame de Rosales réunirent tous leurs efforts pour arracher Vicente à la mort. Ils se rendirent à Pampelune, et ils obtinrent du geolier, à force d'argent, de voir le comte. La joie de celui-ci fut extrême en les apercevant à la lueur de la lanterne que le geolier portait; car la bonne volonté de Clementi, pour adoucir le sort de son prisonnier, ne put avoir assez d'influence pour le soustraire à la profonde scélératesse d'Astorga, qui ayant su que Vi-

cente n'était point dans les cachots, obtint du roi un ordre formel de l'y renfermer. « Est-il
possible! s'écria-t-il ; quels anges
viennent me donner des consolations dans ce séjour de douleur
où je croyais mourir sans revoir
aucun de mes amis ? » M. et madame de Rosales furent saisis
d'effroi en voyant avec quelle rigueur on traitait un des plus
grands seigneurs de la Navarre,
un chevalier qui, jeune encore,
était déjà connu par ses hauts
faits. Ils mouillèrent de leurs larmes les fers dont il était chargé;
et Carolina, élevée dans le luxe
et la mollesse des cours, ne pouvait concevoir qu'il fût possible
de prendre un moment de repos

sur la terre couverte d'un peu
de paille et une pierre pour ap-
puyer sa tête. « O mon cher fils,
lui dit-elle, faut-il que je vous
retrouve ainsi, et n'est-il donc
aucun moyen d'alléger vos souffrances. — Ce n'est pas, reprit
Vicente, la dure terre qui me
sert de lit; ce n'est point la pe-
santeur de mes fers; ce n'est point
le pain noir et l'eau, seuls alimens
que la haine me donne pour prolonger mes douleurs avec ma vie;
non, ce ne sont pas ces maux qui
me sont insupportables; un plus
cuisant m'accable : c'est la pensée qu'Isabelle est en proie aux
mêmes souffrances, et que c'est
moi qui en suis la cause. Cette
pensée, je le répète, est pour moi

mille fois plus cruelle que tout ce
que je puis ressentir de douleurs. »
Madame de Rosales chercha à le
tranquilliser. Le marquis lui demanda qui était cette Isabelle, et
il lui en apprit tout ce qu'il pouvait en savoir. — C'est pour elle,
lui dit la marquise, que vous re-
noncez, mon cher Vicente, à être
mon fils, à remplir les intentions
de votre mère? — Pardon, reprit Vicente, je vous aime comme
je l'eusse aimée si le ciel me l'avait
conservée, et je vous jure qu'au
moment où j'eus l'imprudence de
vous prier de retarder une union
qui, à tant de titres, devait faire
ma gloire, je ne connaissais pas
dona Isabelle; le seul désir de
conserver encore quelque tems

ma liberté, m'avait engagé à vous demander cette grace : depuis, je l'avoue, Isabelle s'est emparée de toutes les puissances de mon ame; et je ne puis porter à mademoiselle de Rosales un cœur tout entier à Isabelle. Cependant, que me reviendra-t-il de mon amour pour cette belle personne, si ce n'est de mourir ensemble? — J'espère encore, cher Vicente, que vous ne mourrez pas. — Et comment échapper à la fureur du tyran? » Au milieu des maux que Vicente ressentait, il éprouva une grande joie de savoir que M. et madame de Rosales étaient parfaitement réconciliés, et disposés l'un et l'autre à le servir. Il les supplia de faire ensorte de voir Isabelle, de veiller à sa conservation. Ils le lui promirent.

Ils demandèrent en effet au geolier de voir Isabelle; mais celui-ci s'en défendit, en disant que cette belle personne n'était plus soumise au régime de la prison, qu'elle était entièrement sous les ordres de Clementi, à qui le roi l'avait donnée, et il nous a défendu, sous peine de la vie, de la laisser communiquer avec qui que ce soit. Du reste, elle est parfaitement heureuse; elle a un appartement richement meublé : sa table est magnifiquement servie, et on lui donne tout ce qu'elle demande pour son père, qui est avec elle, et qui a

deux Maures pour le servir. Mais
tout cela ne sert de rien ; elle rend
Clementi le plus malheureux des
hommes, en ne répondant pas à
l'amour qu'il a pour elle, et on
m'a assuré qu'elle n'aime et n'ai-
mera jamais que Vicente ; et quelque prière que Clémenti lui fasse
d'être sensible à sa tendresse, il
n'en reçoit que des marques de
haine ; et cependant, après M.
Vicente, M. le gouverneur est le
plus bel homme que l'on puisse
voir ; il est riche, l'ami intime de
monseigneur le prince d'Astorga.
Elle a tort de faire tant la fière ;
si une fois il se fâche et qu'il l'a-
bandonne, elle sera remise au
cachot, comme tant d'autres.

Ils avaient écouté tout ce que

ce bavard leur avait appris, et
ils n'avaient trouvé que de nou-
veaux sujets de crainte sur le sort
de Vicente. « Hélas! disait madame de Rosales, que de maux
cause l'amour! c'est lui qui a
précipité le comte dans l'abîme
où il est plongé, et celui de Clémenti pour cette Isabelle l'y re-
tiendra. »

Cependant, comme il paraissait que les souffrances d'Isabelle
étaient la plus grande peine de
Vicente, ils demandèrent au geolier de lui remettre une lettre, où
ils lui rendaient un compte exact
de ce qu'ils venaient d'apprendre sur le sort de sa maîtresse;
puis ils demandèrent à voir Clémenti : celui-ci vint recevoir la

marquise au bas des dégrés, et les conduisit dans une superbe galerie, où ils virent, sous un dais magnifique, le portrait d'une femme d'une rare beauté, mais dont la physionomie annonçait une profonde tristesse. Madame de Rosales ne douta point que ce ne fût celui d'Isabelle, mais elle ne voulut point le demander.

M. de Rosales parla de Vicente, et s'étonna qu'on pût user d'une semblable rigueur envers un homme du rang du comte de Sambrena. Clémenti s'excusa sur les ordres précis du roi. « Vous savez, dit-il au marquis de Rosales, on a pu vous l'apprendre, que j'ai eu pour Vicente tous les égards dûs au malheur et à l'illustration de sa maison tant que j'ai été libre de ne suivre que les mouvemens de mon cœur; mais ici je ne suis plus le maître. — Cependant, monsieur, vous avez bien su adoucir le sort d'Isabelle. — Isabelle n'est point accusée; elle ne doit être détenue que pour pouvoir être confrontée avec les coupables. Ainsi, il m'a été permis de donner à cette infortunée tous les adoucissemens qui étaient en mon pouvoir et que l'état de son père exigeait. — Mais n'est-il donc aucun moyen d'adoucir le sort de Vicente et d'Ambrosio? (car ils avaient su que ce digne religieux était tout aussi mal traité.) — Je n'en ai aucun jusqu'au moment où le roi doit les interroger ; ce sera, au plus tard, dans un mois : d'ici-là il n'y a rien à faire ; et croyez, monsieur, que si j'avais pu changer la situation du comte, elle serait infiniment meilleure, et par la raison que tout autre moins généreux que moi eût désiré, au contraire, d'appésantir ses fers ; mais je vous assure que c'est précisément parce qu'il est mon rival, que je voudrais pouvoir lui rendre la liberté, pour avoir au moins ce mérite auprès d'Isabelle.

———

CHAPITRE V.

Les sentimens généreux du napolitain touchèrent sensiblement madame de Rosales, et elle osa compter sur son secours pour faire sortir Vicente de la prison, si malheureusement ses ennemis le faisaient condamner à mort. Ils se séparèrent avec des témoignages réciproques d'estime.

Avant de sortir de la galerie, Clémenti fit arrêter madame de Rosales devant le portrait dont nous avons parlé. « La voilà, dit-il, cette Isabelle qui fait le malheur de tout ce qui l'aime. » Elle n'avait pas voulu m'accorder cette faveur, j'ai trouvé le moyen de l'obtenir malgré elle ; un peintre placé dans une des pièces de son appartement a saisi l'instant où elle réfléchissait tristement sur son sort ; ce qui avait voilé ses traits d'une sombre tristesse et ne la rend pas moins belle. C'est la femme la plus parfaite que l'on puisse rencontrer ; et si son cœur était susceptible d'aimer, et que ce fût moi qu'elle daignât distinguer, je préférerais mon sort à celui du plus puissant monarque ; mais elle n'aime rien ; son ame est fermée par la douleur que lui cause l'état de son père, à tout autre sentiment ; et au moins n'ai-je pas la crainte de lui voir aimer mon rival.

Ces mots donnèrent plus d'espérance à madame de Rosales; et elle se flatta que s'il se pouvait que Clementi ignorât la préférence qu'Isabelle accordait au comte, il serait possible qu'il le sauvât. Mais comment s'en flatter, dès que le geolier paraissait instruit des sentimens d'Isabelle pour le fils du duc? et comment les avait-il appris? Voilà ce qui étonnait M. et mad. de Rosales; et ils ne s'imaginaient pas que c'était leur fille, qui, suivant ses projets de vengeance, en avait fait répandre le bruit, l'ayant appris du duc à son retour de la vallée, et elle s'en servait pour perdre le comte et sa rivale. Elle avait accompagné sa mère à

Pampelune; le duc y vint aussi,
plus pour elle que pour son fils; l'a-
mour de Vicente pour Isabelle le
rendait trop coupable à ses yeux.

Cependant Fernando ne put
se dispenser de voir ce ministre:
il se plaignit avec hauteur qu'on
eut arrêté le comte. Le prince
d'Astorga fut irrité de la manière
dont il lui parlait, et lui fit entendre qu'il serait possible qu'on
le trouvât coupable lui-même.
Le duc craignait pour sa liberté
et même pour sa vie, dans cette
cour perfide, où de la prison au
tombeau il y avait peu de distance. Le prince, qui ne voulait
que la mort de Vicente, et à qui
celle du duc était fort indiffé-
rente, ne donna point de suite

à cette altercation et ne refusa pas même au duc de voir son fils, rejetant la liberté de ses plaintes sur la tendresse paternelle.

M. de Sambrena se rendit sur-le-champ dans le cachot de ce malheureux jeune homme, qui fut très-surpris en apercevant son père. Il ne se flattait point qu'il lui donnerait un semblable témoignage d'intérêt, lui qui, depuis qu'il l'avait livré en quelque sorte à ses ennemis, n'avait point daigné paraître s'intéresser à lui. Le duc, sans paraître touché du triste état où était son fils, lui demanda s'il persistait à renoncer à l'honneur d'épouser mademoiselle de Rosales, et à lui préférer la fille d'un intrigant et d'un fou.

— Je ne crois point, mon père,
qu'il me soit donné de préférer
l'une à l'autre, car d'ici à peu de
jours je crois que j'aurai cessé
d'être.—Si c'est cette seule crainte,
mon fils, qui ne vous donne pas
la liberté de choisir, je puis vous
assurer que d'ici à vingt-quatre
heures vous serez libre si vous me
promettez d'épouser Fernanda :
il n'est aucune porte que l'or ne
puisse ouvrir.—Si celle qui ferme
ce triste séjour ne peut être ou-
verte que pour me conduire à
l'autel y jurer d'être à Fernanda,
j'aime mieux qu'elle ne le soit
que pour me mener à l'échafaud.
— Qu'entends-je? Fils ingrat et
indigne du nom que vous portez,

réfléchissez à ce que je vous pro-
pose, ou craignez les suites que
peut avoir votre refus. — Je crain-
drai toujours, mon père, de vous
déplaire, mais c'est la seule crainte
que je puisse avoir; la vie que je
vais bientôt perdre ne me laisse
aucune inquiétude pour l'avenir;
mais si je pouvais en disposer, je
n'aurais d'autre désir que de vous
voir consentir à mon union avec
Isabelle. Je n'ai jamais aimé mademoiselle de Rosales : lié par
ma promesse, j'ai fait ce que j'ai
pu pour vaincre l'éloignement
qu'elle m'inspire, mais inutilement; et je vous le répète, mon
père, je préfère la mort au malheur d'être son époux. — Votre

opiniâtreté, Vicente, lasse enfin
ma patience ; vous saurez dans
peu l'effet qu'elle aura produit :
vous verserez des larmes amères,
mais il ne sera plus tems. Réfléchissez encore vingt-quatre heures ; si vous consentez à être l'é-
poux de Fernanda, faites-le-moi
savoir, et j'accours briser vos
fers. — Ne m'obligez pas, mon
père, à croire que vous tenez à
moi bien plus par l'utilité dont je
puis être à vos projets politiques
que par la tendresse paternelle.
— Qui vous donne cette pensée?
— O mon père ! faites que je ne
le croie pas! et si vous avez les
moyens de me soustraire à la
mort, n'y mettez pas une condi-

tion que je ne puis remplir. — Je veux être obéi, ou je vous abandonne au sort qui vous attend.

Il s'éloigna sans en entendre davantage, et il revint chez madame de Rosales, où Fernanda l'attendait.

———

CHAPITRE VI.

M^r. et madame de Rosales étaient allés faire leur cour au roi ; car ils craignaient que sa majesté, sachant qu'ils étaient à Pampelune, et qu'ils ne s'étaient point empressés à lui rendre leurs hommages, ne voulût aussi les envelopper dans la prétendue conspiration. Ils se rendirent donc au palais. Le roi dissimula ses mécontentemens, et les reçut avec une apparente affabilité qui eût pu en imposer à d'autre qu'au marquis, à qui une longue habitude de la cour de Charles avait appris, que plus ce prince faisait d'accueil à un courtisan, plus il avait le projet de le perdre.

Le monarque les félicita d'abord d'avoir échappé au malheur dont ils étaient menacés, s'ils avaient marié leur fille à Vicente. Carolina osa élever la voix en faveur de l'innocence, et assurer Charles qu'il était impossible que le comte fût coupable. — « Vous ne pouvez, madame, rien décider sur une chose aussi importante, repartit le roi, tant que le procès ne sera pas instruit. — Mais ne serait-il donc pas possible, que votre majesté adoucît son sort en attendant le jugement? — On n'ignore point, madame, interrompit Charles, l'intérêt que

vous prenez au beau Vicente. —
Sire, il n'est autre que celui de la
justice. — Vous devez donc vous
en rapporter à la mienne. » Le
marquis qui craignait que, loin
de servir le comte, la généreuse
liberté de son amie ne lui nuisît,
fit signe à Carolina qu'il était
tems de se retirer; et le roi ajouta:
« Vous serez témoins du jugement, car je veux qu'il soit public, et que ce qu'il y a de plus
grand en Navarre s'y trouve. —
J'espère, Sire, qu'il rendra au fils
de mon amie la liberté. — S'il est
innocent ! »

On annonça l'ambassadeur de
dom Pèdre, roi de Castille; M.
et madame de Rosales sortirent
et se rendirent à leur hôtel, où ils

trouvèrent le duc qui avait eu une longue conversation avec Fernanda en présence de sa duègne. Celle-ci depuis long-tems secondait les projets du duc, qui enfin les déclara à M. et madame de Rosalès en leur demandant la main de leur fille. Ils ne voulurent point donner leur consentement, sans avoir parlé de ce mariage à Vicente, et demandèrent quelques jours pour réfléchir.

Dès le lendemain, M. de Rosalès se rendit à la prison ; car la marquise, pour ne point donner prise à la calomnie, ne l'y accompagnait pas chaque jour. Emmanuel se chargea donc d'apprendre au comte ce que le duc avait résolu. Vicente ne marqua nulle peine du projet que son père avait formé; il vit au contraire qu'il ne serait plus engagé avec Fernanda, et peu lui importait qu'elle s'emparât de la fortune du duc, pourvu qu'il n'eût pas le malheur d'être uni avec mademoiselle de Rosales. Il n'osa pas l'exprimer aussi franchement devant le marquis; il craignait de blesser son amour-propre; mais il lui fit assez comprendre combien peu le mariage de son père l'affectait, pour qu'il parut à M. de Rosales que le moment était arrivé d'apprendre à Vicente à qui il devait le jour.

Il lui raconta tout ce que madame de Rosales lui avait appris.

— De quel poids, dit-il au marquis, vous soulagez mon cœur! depuis que je suis en état de discerner les affections de mon ame, j'ai toujours remarqué avec douleur que je ne sentais point pour le duc de Sambrena cette affection, ce respect qu'un fils doit à son père : je me soumettais à ses ordres, mais mon obéissance était toujours aux dépens de mon amour ; et, plus il exigeait de soumission, moins j'avais de tendresse pour lui. Combien de fois n'ai-je point envié le sort d'un simple artisan qui chérissait son père et en était chéri! Je ne voyais, dans le duc, qu'une amitié feinte, et je ne me trompais pas. Je lui ai dit, il y a peu de jours, qu'il était aisé de remarquer que dès

que j'avais été en but à la colère
du roi, et hors d'état, par mes
sentimens, de répondre à ses vues,
je suis devenu, pour lui, de la
dernière indifférence, et vous en
voyez la preuve par le mariage
qu'il projette. Mais, que m'importe? il n'est point mon père, et
la nature ne s'est pas montrée in-
juste; elle n'a point désuni le père
et le fils. Ah! qu'il est doux de
pouvoir me dire : Je ne suis point
un fils ingrat! Et toi qu'un sort
cruel sépara de ma mère, cher
Arsène, reçois mon hommage, et
daigne, de la voûte céleste où
tes vertus et ton courage t'ont
placé, veiller sur ton fils, le tirer
des fers de l'homme cruel qui a
juré sa perte! conduis-le dans ta

patrie avec l'objet de ses vœux!
Puissiez-vous, cher Rosales, fuir
avec nous cette terre de malédiction que j'abjure avec autant
de plaisir pour ma patrie que le
duc pour mon père! France!
pays délicieux! reçois aussi mes
sermens! et que le jour où j'ose-
rai dire : Je suis Français, se hâte
d'arriver !

Le marquis voyant l'enthou-
siasme de son ami, se reprocha
presque de lui avoir nommé son
père; il craignait une imprudence de sa part, et il connaissait
toute la haine de Charles-le-Mauvais contre la France : il ne doutait pas qu'il n'eût encore bien
plus de désir de faire périr Vicente, s'il le savait d'une nation

objet constant de son aversion :
aussi M. de Rosales lui fit promettre avec serment qu'il n'en
parlerait à personne. Vicente le
promit, en exceptant le fidèle
Laville, à qui il désirait d'apprendre qu'il était son compa-
triote. M. de Rosales le lui permit;
et, comme il avait passé dans la
prison beaucoup plus de tems
qu'il n'avait coutume, le geolier
vint l'avertir que la ronde-major
ne tarderait pas, et qu'il était
tems qu'il sortît pour n'être pas
surpris. M. de Rosales quitta son
jeune ami, en lui recommandant
la plus grande prudence.

CHAPITRE VII.

DÈS que le comte se trouva en liberté avec Laville, il se hâta de lui raconter tout ce qui faisait le sujet de sa joie, et il répétait à chaque moment : « Je suis Français! Penses-tu, mon cher Laville, quel bonheur! je ne dépens point du duc, de cet homme froidement barbare qui ne daigne pas m'arracher au supplice quand il en a le moyen, parce que je ne veux pas épouser une femme que je ne puis aimer, et qui l'épouse pour me faire le plus de mal qui soit en son pouvoir. Oh! qu'il

m'est doux de penser qu'il n'est
point mon père! — Eh! monsieur,
disait Laville, on dirait que vous
venez d'hériter de cent mille li-
vres de rente; il me paraît néanmoins que le mariage de M. le
duc vous ôte, monseigneur, à-
peu-près ce revenu. — Cela est
vrai; mais la liberté, la comptes-
tu pour rien? — Eh! mon cher maître, il me semble que la nôtre
n'est pas à envier : voyez quelle
chaîne nous accable; et vous parlez de liberté! Celle que vous ai-
mez est aussi prisonnière. O mon
cher maître! il me semble que
j'aurais mieux aimé rester duc de
Sambrena, puissamment riche, et
épouser dona Fernanda, que d'aller porter sous la hache cette tête

qui n'a pas encore cinq lustres, et que la victoire a déjà couronnée. Dans votre position, monseigneur, j'aurais épousé Proserpine, s'il l'avait fallu, pour plaire à celui dont je portais le nom; mais vous avez pensé autrement, et il faut nous résoudre à périr. — Qu'importe! en mourant je pourrai dire : Je suis Français! »

M. de Rosales rendit à sa femme la conversation qu'il avait eue avec Vicente : ils ne crurent point devoir s'opposer aux vues du duc puisqu'ils savaient que c'était servir leur ami, en le débarrassant des persécutions de celui que l'on croyait son père, pour le forcer à un mariage qui lui était odieux, mais ils s'opposèrent de tout leur pouvoir à la donation de ses biens à la future duchesse; quelque chose que pussent dire M. et mad. de Rosales, le duc ne voulut point changer de disposition; tout ce qu'ils purent obtenir, fut que le mariage se ferait sans aucun éclat, trouvant qu'il y aurait une sorte de barbarie à se livrer à des fêtes, tandis que leurs amis languissaient dans les fers.

Fernanda accepta avec joie la main du duc, qui obtint facilement l'agrément du roi. Ils furent unis dans la chapelle du palais; et aussitôt la célébration, les époux partirent pour Sambrena. M. et madame de Rosales restèrent à Pampelune, uniquement

occupés de sauver le fils de leur
amie, que le marquis allait voir
chaque jour, adoucissant, autant
qu'il pouvait, la triste situation
où son amour pour Isabelle le
réduisait.

Ils avaient obtenu, comme on
l'a vu, que Laville serait réuni
à son maître : ce bon et fidèle
serviteur avait une grande joie
d'être avec le comte, et il re-
commença à philosopher à sa
manière.—Eh bien, monseigneur,
vous conviendrez que vos amours
pour dona Isabelle ne vous por-
tent pas bonheur, et que j'aurais
aussi bien fait de ne pas imaginer
les moyens de pénétrer dans la
maudite enceinte. — Ah ! je ne
m'en repentirais pas, répondait

l'amoureux Vicente, si je souf-
frais seul; mais quand je pense
aux douleurs d'Isabelle, toutes
mes forces m'abandonnent. — Il
me semble que les douleurs de
dona, reprit Laville, ne sont pas
extrêmes : vous savez ce que M.
et madame de Rosales vous ont
écrit et dit, qu'elle est dans un
fort bel appartement, et servie comme elle pourrait l'être
chez elle. — Ne comptes-tu pour
rien le malheur de passer sa vie
avec son père, dont la raison est,
dit-on, entièrement aliénée? — Il
y a long-tems qu'elle y est ac-
coutumée, car vous n'imaginez
sûrement pas que c'est vous qui
avez fait tourner la tête à ce vieillard. — Non, mais j'ai augmenté

ses souffrances : il était bien plus calme, et maintenant....— Il faut en convenir, monseigneur, il y a plaisir avec vous; vous oubliez bien vîte le mal que l'on vous fait; vous ne vous souvenez plus que de cher dom Antonio, dans ses prétendus instans de raison, nous avait pensé faire mourir dans le cachot; qu'il a fait pendre deux fort braves gens, dont tout le crime était de vouloir quitter sa triste enceinte.— L'événement n'a que trop prouvé que la moindre indiscrétion était dangereuse, et les lois qu'il avait faites pour pré- venir ces funestes effets, ne pou- vaient être trop sévères. — Eh bien, monseigneur, ne nous plai- gnons donc pas de ces chaînes.

les conjurations ont renversé les trônes les plus affermis; les lois, contre tout ce qui en porte le caractère, ne pourraient jamais être assez sévères. Ainsi, rien de trop dans ce qu'on nous fait souffrir. — La ville, vous faites le bel esprit. — Non, monseigneur, je parle comme je pense. — Qui me donnera de voir ma chère Isabelle un instant avant de mourir? — Je ne crois pas que M. Clémenti en soit très-empressé. — Et que peut-il espérer? Isabelle m'a donné sa foi; elle est incapable de changer. — Je le désire, monseigneur; mais qui sait ce que peut faire sur l'esprit d'une jeune fille, des soins, des égards continuels, surtout quand elle peut voir que

5.

saré sistance la conduit à la mort?

— Ah! laisse-moi; si tu n'as que ces consolations à m'offrir, il faut mieux m'abandonner à moi-même. — Pardon, mon cher maître, mais il me paraît que, dans votre position, il est plus utile de voir les choses telles qu'elles sont, que de se faire des illusions qui, en se détruisant, nous rendent plus malheureux que nous n'étions avant. — Et moi je crois que tout n'étant ici-bas qu'illusion, le seul moyen de supporter la vie est de couvrir de fleurs les maux dont elle semée. — Ne vaudrait-il pas mieux examiner ces maux de sang-froid? et on verrait que de près ils sont moins effrayans qu'on ne l'imagine. La pauvreté, par

exemple, débarrassé des procès,
des embarras d'une grande maison, de la fatigue des repas splen-
dides, d'une toilette gênante, de
la peur des voleurs, presque toujours d'une foule de maladies,
filles de l'intempérance, des médecins, des avocats, des flatteurs
et des envieux; et ne croyez-
vous pas que ce ne soit pas
des avantages bien préférables
aux prétendus bienfaits des ri-
chesses qui, presque toujours,
nous enlèvent ceux de la nature :
une table somptueuse, point d'ap-
pétit; une pile de coussins, des
draps de batiste, de superbes
courtines; que d'apprêts pour
dormir! et le sommeil ne vient
pas fermer un moment la pau-

pière du riche. Que dirai-je des
autres jouissances auxquelles la
fortune n'ajouta jamais, et que
souvent elle empoisonne? Ce que
je dis de la pauvreté, je le dirais
de tout ce qu'on nomme malheur,
et qui, vus sous un autre aspect,
sont très-souvent des biens réels.
— En vérité, je t'admire, mon
cher Laville, de rester à mon service : tu aurais plus gagné à te livrer à ton éloquence, soit dans
la chaire, soit dans le barreau. —
Il est vrai, monseigneur, que
l'on m'avait engagé à me faire
avocat; j'y avais consenti, lorsque je demandai si je gagnerais
toutes les causes justes que je dé-
fendrais. « Eh! mon Dieu, non;
c'est précisément parce qu'elles

seraient justes que vous les per-
driez. * » Je renonçai à un état
qui m'aurait trop fait connaître
l'espèce humaine, toujours plus
belle de loin que de près; je crus
être plus tranquille en prenant
vos couleurs; vous voyez où cela
m'a conduit : mais, peu m'importe, je défie le sort de changer
mon caractère; je rirai toujours.
— Tu es bien heureux. Cependant, si tu étais éperdûment
amoureux, et que des chaînes
pesantes t'éloignassent de celle
qui aurait fixé ton sort, que di-
rais-tu ? — Que c'est autant de
pris sur l'ennui qui suit toujours

---

* C'était ainsi dans le quatorzième siècle;
je ne parle point du dix-neuvième.

les plus douces jouissances. —
Ah! quel homme! il semble qu'il
prenne à tâche de me contrarier.
— C'est pour vous donner, monseigneur, le plaisir de discuter
vos opinions, et peut-être de dire:
« Est-il possible d'avoir l'esprit
plus de travers que ce Laville?
il ne sait ce qu'il dit, et rien ne
fait autant de plaisir. » Laville
avait raison. Un fort aimable auteur * assure que c'est comme si
on se disait à soi-même : « Que
j'ai d'esprit, de mérite en comparaison de ces êtres que le ciel
a formés pour faire ressortir notre
mérite. » —Ah! mons Laville,
vous abusez de mes bontés. —

---

* Celui de *la Gageure.*

Non, mon cher maître, je cherche à vous dîstraire, et j'y réus-
sis : n'est-ce pas ce que je puis
faire de mieux ? Et le comte fut
forcé d'en convenir.

C'est ainsi que se passaient les
jours de ces infortunés. M. de Rosales obtint avec peine qu'on les
réunît avec Ambrosio, qui ressentit une extrême joie en re-
voyant Vicente ; elle fut encore
augmentée en sachant qu'il était
instruit du secret de sa naissance.
Avec quel plaisir il l'appela son
neveu ! avec quelle joie il lui parla
de son frère, de ce bon Arsène !
« Il y a long-tems, disait-il, que
je le retrouve en toi ! » Avec
quelle tendre sensibilité Vicente
l'écoutait ! il ne sentait plus le

poids de ses fers, toute son âme
se livrait avec transport au bonheur de retrouver dans Ambrosio
un parent, un ami qui l'entendait, prenait part à ses chagrins,
et lui promettait de les finir en le
mariant avec Isabelle, s'il pouvait échapper à la colère de
Charles.

———

CHAPITRE VIII.

TANDIS que tout se disposait
pour le jugement du père d'Isabelle et de ses prétendus com-
plices, Clémenti employait tout
ce que la séduction a de plus
puissant pour déterminer sa prisonnière à répondre à l'amour
dont il était enflammé pour elle :
tantôt il lui peignait les plaisirs
d'une cour voluptueuse dont elle
ferait l'ornement ; d'autres fois il
lui promettait la vie et la liberté
de tous ceux qui avaient été mis
en jugement avec elle. « Non seulement Vicente sera libre, mais
l'avancement le plus certain lui

sera accordé ; tandis que si vous
persistez à me refuser la plus légère faveur, si je suis assez généreux pour ne pas hâter la mort
de mon rival, je n'ai point assez
de grandeur d'ame pour le sauver en m'exposant à la fureur du
roi. Je laisserai suivre le cours du
procès, et il est impossible que le
comte échappe à la mort : tous les
témoins sont gagnés, les juges ven-
dus, Astorga sème l'or ; et si Vicente est interrogé il est mort, car
dès qu'il aura été confronté avec
les témoins, il sera conduit dans
la prison de la ville : là je n'aurai
plus aucune influence ; il périra. »

La pâleur qui se répandit sur
le front d'Isabelle ne confirma
que trop les soupçons qu'avait

Clémenti; il ne douta pas que le comte était aimé; il aurait inutilement cherché à se le dissimuler. Isabelle ne crut pas devoir plus long-tems faire un mystère de ses sentimens : elle crut qu'elle obtiendrait plus par sa franchise qu'en continuant à dissimuler; et elle lui adressa ces mots :

« Ce que vous me dites, monsieur, du danger de Vicente, ne me laisse qu'un moyen de le sauver : c'est de vous demander, au nom de l'amour que vous avez pour moi, de le faire sortir du fort. Essayez, je vous en conjure, ce que pourra sur mon cœur la reconnaissance; car il faut bien que je vous l'avoue, j'aime Vicente, et il ne l'ignore pas. Dès le

premier jour que je l'ai aperçu
dans l'enceinte, je sentis que je
ne pouvais aimer que lui. J'ai
souffert plus que lui de sa longue
détention ; je ne crains que pour
lui : et s'il était libre et que je ne
tremblasse plus sur son sort, j'at-
tendrais le mien sans crainte. Enfin, le coup qui me frappera,
tranchera ma vie, et je jure de
ne pas lui survivre. Cher Clémenti, rendez-lui la liberté, et je
vous promets de faire tous mes
efforts pour éteindre dans mon
cœur le sentiment que j'ai pour
lui ; et si je puis le surmonter, et
que le vôtre soit le même, je
consentirai à vous donner ma
main. » — Ah! ciel! dit enfin Clémenti, à qui la douleur avait ôté

la faculté de parler , est-ce donc
ainsi que vous payez la plus vive
tendresse? Quoi! tout ce que je
puis espérer est , si je consentais
à sauver la vie de mon rival, que
peut-être un jour vous daignerez
me permettre de vous donner
mon nom ? Non , je ne puis ouvrir les portes de sa prison qu'a-
près avoir reçu vos sermens. Je
renonce à l'espoir de vous toucher; l'aveu que vous venez de
me faire ne me laisse plus la pos-
sibilité de me flatter de vous at-
tendrir; mais je n'en veux pas
moins être votre époux , certain
que votre vertu suffira pour vous
faire respecter vos liens. Ce n'est
donc qu'à ce prix que vous pouvez obtenir la vie de l'heureux,

Vicente, dont le sort me paraît tellement digne d'envie, que je ne balancerais pas un instant d'en changer avec lui. — Je ne puis lui donner la mort en voulant conserver ses jours, reprit Isabelle, car il n'y a aucun doute que s'il apprend que je vous ai donné ma main, il n'y survivra pas : je n'emploierai donc point, pour le sauver, ce qui servirait à le perdre infailliblement ; et, puisque je ne puis toucher votre cœur, j'attendrai tout du ciel. »

Il exauça les vœux de cette tendre amante; et celui qui avait, sans le vouloir, causé la ruine de Vicente, va venir à son secours, à l'instant où tout paraissait désespéré pour son salut.

CHAPITRE IX.

LE lecteur se souvient que dom Carlos traversa les Pyrénées pour se rendre à la Cour de Charles V. Il était connu de Duguesclin, dont il avait été prisonnier ; il savait l'estime dont ce grand homme honorait son jeune maître ; et il se flatta de l'engager à demander au roi de porter la guerre dans la Navarre et de réprimer, enfin par la force de ses armes les entreprises de Charles-le-Mauvais. Il savait que la cour de France avait personnellement à se plaindre de ce méchant roi,

qui avait été accusé d'avoir at-
tenté par le poison aux jours du
monarque français, lorsque ce
prince était encore jeune. Le bonheur de la France voulut qu'on
s'en aperçût assez promptement
pour y remédier (*). Mais Charles V n'en perdit pas le souvenir;
et quoiqu'on n'ait pu convaincre
le roi de Navarre de cet horrible
attentat, la tache en est restée à
sa mémoire, comme le ressentiment subsista toujours dans le
cœur du roi de France. Dom
Carlos ne l'ignorait pas et fondait

(*) Le médecin de Charles V, pour s'opposer aux effets du poison, lui fit une inci-
sion au bras, prévenant le prince que lorsqu'elle se refermerait, il devait se préparer
à la mort.

sur cette animosité le succès de sa négociation. Il savait qu'une injure nouvelle avait réveillé dans le cœur du roi sa haine contre le Navarrais : Charles V voulait venger la mort de Blanche de Bourbon, sœur de la reine Jeanne, sa femme. Blanche avait, dit-on, été précipitée dans le tombeau par ce prince, que ses sujets nommèrent *le Cruel.* Il était en guerre contre Transtamarre, son frère. Le roi de Navarre était alternativement son ennemi ou son allié, suivant que la fortune secondait ou abandonnait dom Pèdre; mais surtout il redoutait l'arrivée des Français dans la Navarre, de sorte qu'il reçut fort mal Mauni, lorsqu'il vint, au nom de Charles V, lui demander le passage dans ses Etats pour porter la guerre dans la Castille. A ce moment il était contre Transtamarre : c'était une raison suffisante pour s'opposer au désir que le roi de France témoignait de se réunir au frère de dom Pèdre.

Mauni était depuis peu de retour à Paris, et Charles avait été singulièrement blessé, que le Navarrais eût osé résister à sa volonté : mais la sagesse qui présidait à ses conseils ne lui permettait pas d'engager ses troupes dans les défilés de la Navarre, sans être sûr de trouver des alliés qui protégeassent leur marche. Ainsi, rien n'était encore

décidé pour cette expédition.
Dom Carlos, qui avait le plus
grand intérêt à ce qu'elle eût lieu,
se fit présenter chez le connétable. Duguesclin le reconnut aussitôt, et lui demanda ce qui l'a-
menait en France. « L'intérêt du
comte Y Sambrena, à qui vous
avez, monseigneur, accordé quelqu'estime, et qui est dans ce moment au pouvoir du roi de Navarre. Tout doit faire craindre
pour ses jours, car le prince d'Astorga a juré sa perte. — Qui a pu
donner à Charles un prétexte
pour traiter ainsi un homme
d'une naissance aussi distinguée
que le comte Y Sambrena ? » Et
dom Carlos lui raconta par quelle
imprudence son jeune maître se

trouvait compromis avec Antonio. Duguesclin ne comprenait
point que l'amour fit faire une
semblable folie, et il ajouta: «Je
prends part à sa peine, mais que
puis-je faire pour lui? — Passer
les Pyrénées, mettre le siège devant Pampelune, s'en emparer,
et demander que l'on vous re-
mette Vicente et ses malheureux
compagnons; alors ils seront li-
bres, et leur reconnaissance sera
éternelle. — Voilà qui est bien,
mais il faut que le roi y consente.
Je ne vois qu'un moyen, c'est
d'intéresser la reine à Vicente,
en lui racontant par quelle raison
il est tombé dans la disgrace du
roi de Navarre. Cette princesse
est bonne, sensible; elle a un

grand caractère, beaucoup d'empire sur l'esprit du monarque,
parce qu'elle joint à la beauté et
aux graces de son sexe les vertus
dont le nôtre s'honore. Demandez
une audience, vous l'obtiendrez,
et vous exposerez à la reine les
raisons qui vous ont déterminé à
venir en France : avant que vous
la voyiez, je lui en dirai un mot,
afin d'ajouter à l'intérêt que lui
inspirera pour eux ce que vous
lui raconterez.

Don Carlos suivit le conseil de
Duguesclin ; et , se souvenant
qu'étant à Rouen, il avait inté-
ressé une jeune personne, fille du
sire de Terville, qui était fille
d'honneur de la reine; il résolut de
la voir et de la mettre dans ses in-

térêts. Il se rendit au palais, et demanda à un huissier qu'il rencontra, si mademoiselle de Terville était à la cour, et si on pouvait la voir. « Elle est présentement chez la reine; mais dans deux heures, vous pourrez facilement lui parler. »

Don Carlos fut très-exact; et, comme il montait l'escalier qui conduisait chez les filles d'honneur, il rencontra Edwige. (C'était le nom de celle qu'il cherchait.) Edwige n'eut pas plutôt aperçu dom Carlos, qu'elle rougit, ce qui ajouta à ses charmes; car elle était fort jolie, et elle lui dit avec émotion : « Qui croyait vous revoir en France, mon cher dom Carlos? qui vous y ramène?

— Un autre, belle Edwige, vous dirait que c'est l'amour, et que n'ayant pu vivre loin de vous, je reviens à vos pieds essuyer de nouvelles rigueurs ; mais je suis trop attaché à la vérité pour vous tromper ainsi, non que j'aie oublié un seul instant vos charmes ; ils ont fait une trop profonde impression sur mon cœur, pour que rien puisse jamais les en effacer, et toujours Edwige sera la dame de ma pensée ; mais persuadé que je ne puis vous faire partager mes sentimens, j'aurais craint de vous être importun, et ne vous chercherais pas, si un grand intérêt ne m'y forçait. On m'a assuré que vous aviez tout pouvoir sur l'esprit de la reine, et j'ai une

grace importante à lui demander.
— La reine! Il est vrai, reprit-
elle, que S. M. m'honore de sa
bienveillance, et que si je peux
vous servir, ce sera avec un extrême plaisir. Je n'ai point oublié, dom Carlos, les marques
que vous m'avez données de votre respectueux attachement pendant que j'étais à Rouen; trop
jeune alors pour prendre aucun
engagement, je ne devais pas m'attacher à un homme que je pouvais ne jamais revoir; cependant,
si je puis vous servir auprès de
ma maîtresse, ce sera pour moi
une grande satisfaction. » Et elle
fit entrer Carlos, qui fut du plus
grand étonnement en se voyant
au milieu de vingt jeunes per-

sonnes, toutes plus jolies les unes
que les autres, mais dont aucune
n'approchait de la charmante
Edwige, qu'il eût voulu trouver un peu moins accompagnée.
Il salua pourtant ces aimables
bachelettes avec beaucoup de
graces, car, malgré que Carlos
eût atteint sa trente - sixième
année, il était encore fait pour
faire éprouver une passion véritable. Edwige le trouva beaucoup plus beau que dans le tems
qu'il était prisonnier, tant la pa-
rure ajoute aux graces naturelles;
elle le conduisit dans sa ruelle,
emmena toutefois, pour échapper à la critique, une de ses compagnes : on prétend qu'elle ne
choisit pas la plus jolie ; elle fit

asseoir l'écuyer de Sambrena, et lui dit : « Parlez en toute assurance; Beaumanoir est la discrétion même. » Et dom Carlos lui raconta, dans le plus grand détail, tout ce que j'ai rapporté dans ces Mémoires; de la manière dont Vicente était devenu amoureux d'Isabelle lorsqu'il ne croyait que céder à la curiosité que lui inspiraient les habitans de la vallée; de la triste issue que ses projets avaient eue. « Il est maintenant, ajouta-t-il, dans les cachots de la citadelle de Pampelune, où il attend la mort. Obtenez, madame, que je puisse voir la reine, et je crois qu'il me sera facile de lui persuader qu'avec un secours d'hommes et d'argent , on pourra s'emparer de Pampelune ; mais il ne faut pas perdre de tems , car la hache est suspendue ; il ne faut qu'un moment pour la faire tomber sur la tête de Vicente , et d'un même coup elle trancherait les jours d'Isabelle. — Vous me faites frémir, dit Edwige. — Obtenez-moi très-promptement une entrevue avec la reine. — Je la lui demanderai dès le soir au moment du cercle, et tenez-vous prêt à paraître devant cette princesse, car il serait possible qu'elle vous envoyât chercher aussitôt. Je le désire, parce que le conseil se tenant demain matin, où vous savez que le roi a donné place à la reine, votre récit l'intéressera au sort de

Vicente; elle appuiera sur la né-
cessité de faire partir très-promptement des hommes pour l'Espagne. »

Don Carlos, plein de reconnaissance de la manière dont mademoiselle de Terville l'avait ac-
cueilli, revint chez lui, et se tint
prêt à se rendre aux ordres de la
reine.

———

CHAPITRE X.

EDWIGE ne manqua pas de parler à Jeanne de ce que lui avait dit dom Carlos : elle savait que c'était faire sa cour à cette princesse, lorsqu'on lui donnait quelques raisons de plus de haïr Charles-le-Mauvais, à qui elle ne pouvait pardonner son alliance avec dom Pèdre, que la mort de Blanche, sa sœur, lui avait rendu odieux. La reine, malgré la connaissance qu'elle avait de l'atroce caractère du roi de Navarre, n'apprit point sans un nouveau sentiment de haine que

ce monarque ajoutait toujours à
la somme de ses crimes; et ayant
hâte de savoir les détails de cette
affaire, elle donna ordre à Edwige de faire avertir Carlos de
se rendre au Palais. Celui-ci y
vint aussitôt et fut introduit dans
la galerie où la reine se tenait
avec ses dames.

L'écuyer d'Y Sambrena fut
frappé de l'air de grandeur ré-
pandu sur toute la personne de
la reine, qui était tempéré par la
plus grande amabilité, de sorte
qu'on ne savait quel sentiment
elle inspirait le plus, du respect
ou de l'amour. « Vous avez, dit
la reine, à m'entretenir longue-
ment d'un fait extraordinaire arrivé en Navarre; asséyez-vous

donc, Carlos, en lui montrant un tabouret qui était à ses pieds ; je vous écouterai avec un grand intérêt. » L'écuyer obéit et commença ainsi :

« Je n'ai pas besoin de peindre à votre majesté le caractère soupçonneux et faux de celui qui gouverne mon malheureux pays. Il est connu de vous, madame ; mais vous pourriez douter de l'innocence de mon maître, parce qu'il ne serait pas extraordinaire que la tyrannie de Charles donnât à quelques-uns de ses sujets le désir de s'en affranchir, et surtout du joug insupportable que le prince d'Astorga impose à tout ce qui lui donne la crainte de perdre la confiance de son maître ; et cependant aucun de ces motifs n'a déterminé la conduite de dom Vicente : la curiosité, le désir d'être utile à des infortunés qu'il espérait servir , et qu'il a perdus, l'ont seuls entraîné dans cet abîme. Un fou, car on ne peut donner un autre nom à Valerenos, s'était retiré dans le fond d'une forêt, avec sa fille belle comme un ange. Là il vivait uniquement occupé à rendre des honneurs funèbres à un être dont on ignore le nom , mais qui paraît avoir été un fort grand seigneur. Il avait réuni autour de lui des ouvriers de différens métiers, et se passait ainsi de toute communication avec les autres humains. Il serait, selon toute ap-

parence , resté parfaitement in-
connu, si la malheureuse étoile
du comte Y Sambrena ne l'avait
amené sur les bords du large fossé
qui défendait cette singulière ha-
bitation. Il forma, dès cet instant,
le projet d'y pénétrer. Cependant
la gloire l'appela en Normandie,
et je crus qu'il avait entièrement
perdu de vue ce projet dont il
avait cessé de me parler, parce
qu'il avait trouvé des agens plus
complaisans que moi pour secon-
der cette folle entreprise , qu'il a
exécutée pendant ma captivité.
De retour à Tolosa, je trouvai le
duc Y Sambrena dans une profonde douleur, et ignorant entièrement où était son fils. Je crus
pouvoir le lui apprendre , en

ayant été instruit par un nommé
Diégo, qui avait servi les desseins
du comte. Le duc, incapable de
se contraindre, résolut d'aller
aussitôt trouver ce Diégo et de le
forcer à le conduire où était son
fils. L'éclat qu'il avait donné à
ses démarches fit qu'elles vinrent
aux oreilles du prince d'Astorga.»
Et dom Carlos rendit compte à la
reine de tout ce qui suivit l'im-
prudente démarche du duc, et il
termina ainsi son récit, les yeux
mouillés de larmes :

« Je ne vois sous le ciel que le
roi de France qui puisse sauver
mon cher maître, que j'ai perdu
par excès de zèle. Si votre majesté
daigne s'intéresser pour lui auprès du roi, je me flatte encore

qu'il pourra échapper à la mort
que Charles lui prépare. C'est
dans cet espoir que j'ai traversé
les Pyrénées et fait plus de deux
cents lieues, pour venir mettre
aux pieds de votre majesté mes
vives alarmes sur le sort de celui
que j'aime comme mon fils, et
qui est digne, j'ose le dire, des
bontés de l'auguste princesse que
j'implore pour lui »

En disant ces mots, Carlos se
jeta aux pieds de la reine, qui le
releva avec bonté, et l'assura
qu'elle en parlerait dès le soir au
roi : elle autorisa dom Carlos à dire
au connétable qu'il pouvait pro-
poser le départ pour l'Espagne
dans le prochain conseil, qu'elle
l'appuierait de tout son pouvoir.

L'écuyer d'Y Sambrena, pé-
nétré des bontés de la reine, se
retira rempli d'espérance; et, empressé d'exécuter l'ordre de cette
princesse, il alla, dès le même
instant chez Duguesclin, à qui il
rendit compte de ce qui s'était
passé entre la reine et lui.

Bertrand lui promit de parler
dans le conseil de manière à réunir tous les suffrages pour l'expédition en Navarre. En effet,
dès le lendemain l'affaire fut por-
tée au conseil; et, malgré l'avis
du roi, qui voulait qu'on atten-
dît, la reine montra un si vif désir que l'on partît dès le moment
même, que tous les avis se réunirent au sien, et qu'il fut décidé
qu'on ne prendrait que le tems

nécessaire pour disposer toute chose, afin que rien ne fît échouer cette entreprise.

Jean de Bourbon, comte de la Marche, qui était encore fort jeune, fut nommé général de cette armée, pour la forme; car, dans le vrai, rien ne devait se faire que par les conseils de Dugueschn.

CHAPITRE XI.

PENDANT que Carlos pressait le départ des troupes, il continua à faire sa cour à Edwige, qui le voyait avec intérêt, mais qui craignait toujours de s'engager avec un étranger qui pouvait ne point revenir en France. Carlos, qui ne voyait pas cette jolie personne sans sentir renaître dans son ame une passion que le tems avait amortie, employait tous les sermens si usités par les amans, pour prouver à Edwige qu'il quitterait l'Espagne dès que Vicente serait libre, et viendrait en

France, où il demanderait du service. Edwige lui objectait sa tendre amitié pour Vicente, et il répondait qu'il était intimement persuadé que Vicente quitterait aussi la Navarre s'il échappait à la haine d'Astorga, et qu'alors bien certainement il viendrait en France. Dom Carlos aurait pu l'en assurer plus affirmativement, s'il avait su ce que le public ignorait encore, qu'il n'y avait aucun lien entre le duc et Vicente. Cependant, une lettre de M. de Rosáles, qui lui fut apportée par le fils de Diégo, à qui le marquis avait donné ordre de trouver ce fidèle serviteur, l'affermit dans la pensée que son maître quitterait la Navarre.

M. de Rosales lui écrivait en ces termes :

Pampelune, 5 juin 1358.

« Qu'êtes-vous donc devenu, mon cher Carlos? Je ne puis vous croire capable d'abandonner votre malheureux maître. Des raisons que j'ignore, mais qui sûrement ont trait à lui, vous ont sûrement déterminé à vous éloigner de la Navarre. Diégo, que j'ai été voir, m'a assuré que vous étiez passé en France : je l'ai dit à notre prisonnier, qui m'a supplié de vous écrire et de charger de cette lettre le fils de Diégo, jeune homme discret et intelligent : c'est donc lui qui vous la remettra; vous pouvez la regarder comme étant de Vicente, car c'est en son nom que j'écris. Voici deux mois que cet infortuné est dans les cachots; il y serait mort de douleur si le ciel n'avait pas permis que je

pusse pénétrer dans cet affreux séjour. Je suis parvenu à le réunir à
dom Ambrosio : mille raisons, que je
ne puis confier au papier, m'avaient
fait désirer cette réunion, qui adou-
cit infiniment les chagrins du comte.
Il se persuade que vous vous occupez
de trouver les moyens de le tirer
d'ici; il vous prie, si vous êtes à Paris,
de le rappeler au souvenir du connétable. Il vous trouve heureux d'être
même momentanément, dans un pays
gouverné par un aussi grand homme
que Charles V ; et il est bien décidé,
si Dieu lui rend la liberté, de l'employer pour aller admirer ce roi, qui
devrait servir de modèle à tous ceux
qui gouvernent. Je me flatte que le
jeune Diégo vous trouvera à Paris, et
me rapportera une réponse satisfai-
sante ; Vicente le désire vivement,
car il est très-inquiet de vous. Ecri-
vez donc promptement de vos nou-

velles; et, pour ne point compromettre des secrets importans, faites-
nous savoir verbalement ce que l'on
peut espérer.

Adieu, cher Carlos; puissions-
nous être bientôt réunis dans le
beau pays où cette lettre vous cher-
chera ! »

Carlos répondit; et, comme le
lui disait le marquis, il ne confia
point au papier le secret de l'entreprise que l'on méditait; il en
parla au jeune Diégo, et tâcha
de s'en faire assez bien comprendre pour qu'il pût instruire ceux
qui l'envoyaient, de tout ce qui
les intéressait. Dès qu'il eut reçu
la lettre du marquis, il se hâta
de la porter à Edwige, qui, enfin, persuadée que dom Carlos

reviendrait en France, lui promit
de lui garder sa foi jusqu'au tems
où l'amour et la fortune le ramè-
neraient à la cour de Charles V.
Carlos, au comble du bonheur,
prit les couleurs d'Edwige, et
jura de n'avoir d'autre pensée
que celle de son amour.

La trompette avait annoncé le
moment du départ, et Carlos vint
prendre les ordres de la reine,
qui lui recommanda de faire souvenir Duguesclin que le but de
cette expédition était de venger
la mort de la reine Blanche, sa
sœur. « Ainsi, ajouta-t-elle, je
désire qu'on ne s'arrête en Navarre que le tems nécessaire pour
punir Charles-le-Mauvais, dont
je plains néanmoins l'épouse ;

cette vertueuse princesse méri-
tait d'être unie à un meilleur roi,
et mon estime pour elle égale
mon mépris pour celui dont elle
partage le sort. »

Tandis que dom Carlos était
chez la reine, le roi y vint, et
ayant su qu'il était l'écuyer de
Vicente, il lui dit, avec sa bonté
ordinaire : « J'ai appris avec
peine la situation du comte de
Sambrena ; je désire que mes
troupes arrivent assez promptement devant Pampelune, pour
qu'elles forcent Charles à le remettre en liberté ; et lorsqu'il
l'aura obtenue, je me flatte qu'il
suivra mon cousin de Bourbon et
le connétable dans la Castille ;
qu'il ira les aider à venger la

cause de la vertu et de l'honneur,
en purgeant la société d'un mons-
tre : car quel autre nom donner
à dom Pèdre? de quels crimes ne
s'est-il pas nourri? Digne de l'allié
qu'il s'est choisi, il semble rivali-
ser de scélératesse avec le roi de
Navarre. — Celui-ci l'avait sur-
passé, reprit dom Carlos, par
l'infernale ruse qu'il employa
dans le dessein de faire mourir
M. le comte de Foi. Comment
peut-il supporter le remords d'a-
voir causé la perte de ce jeune et
malheureux prince, qui fut la
victime de la trahison de son on-
cle? — Je ne sais qui de lui ou du
roi de Castille est le plus criminel. Combien Charles n'a-t-il pas
lassé la patience du roi mon père?

quel est le traité qu'il ait su garder? Il semble qu'il ne contracte un engagement que pour le rompre. Ainsi, point d'alliance avec lui; il n'en faut point avec les méchans. » Puis , changeant de discours, le roi demanda à dom Carlos s'il croyait avoir assez d'intelligence dans Pampelune ponr en faire ouvrir les portes. — Je le crois; et malheur à Charles-le-Mauvais s'il fait condamner le fils du duc de Sambrena à l'instant où votre armée sera sous les murs de Pampelune! car rien ne sera aussi aisé que de faire un soulèvement pour délivrer le comte, et le peuple y aurait bientôt consenti, car le roi est généralement haï. — Que je le plains!

reprit Charles V, *si je savais qu'un seul de mes sujets me vît avec peine sur le trône, mon rang me deviendrait insupportable* *. — Vous n'avez point à redouter un semblable malheur, votre majesté sait à quel point on la révère et on l'aime**; le peuple est presque toujours juste dans son amitié comme dans sa haine; et si les Navarrais étaient aussi heureux que les Français, leur roi leur serait aussi cher. »

Avant de prendre congé du roi et de la reine, Carlos crut devoir

---

* Paroles mémorables de Charles V.

** Un de ses augustes descendans jouit du même bonheur, que rien ne lui fera jamais perdre, parce qu'il est fondé sur les rares vertus de ce monarque.

leur faire connaître l'intention où
il était de revenir en France,
pour y obtenir la main d'Edwige
de Terville, si son auguste maîtresse voulait bien y consentir.
— Je ne m'y opposerai pas, dit
la reine; je voudrais que chacune
de mes demoiselles gagnât ainsi
au roi un sujet aussi utile que
vous le serez sans doute à la
France quand vous l'aurez adop-
tée pour patrie.

Carlos, infiniment sensible à
la bonne opinion que la reine
avait conçue de lui, s'inclina profondément pour lui en marquer
sa vive reconnaissance, et jura
de tout entreprendre pour méri-
ter un semblable éloge. Edwige
y fut plus sensible que lui, car

la gloire et les honneurs rendus à
ce qu'on aime charment bien davantage que ceux qui nous sont
personnels; mais ce moment de
satisfaction dura bien peu; l'idée
que celui qu'elle aimait allait
partir, qu'il allait courir des dan-
gers éminens, lui causait une
douleur profonde; et ne pouvant
supporter la douleur des adieux,
elle se retira avec mademoiselle
de Beaumanoir dans l'oratoire de
la reine, et y resta jusqu'à ce que
l'écuyer eut quitté le palais.

———

CHAPITRE XII.

Le jeune Diégo était de retour en Navarre; il s'était arrêté à la métairie, où son père l'attendait avec impatience, car il était dans la plus grande inquiétude du sort de Vicente, et il était persuadé, comme tous les amis du comte, que si Carlos était à la cour de Charles V, il intéresserait ce roi au sort de Sambrena. Il apprit donc avec une grande joie que son fils avait trouvé dom Carlos à Paris. Celui-ci avait beaucoup de peine à répondre à toutes les questions de son père et de sa

mère, de ses frères et sœurs qui
tous l'interrogeaient à-la-fois. —
« Que fait dom Carlos? a-t-il obtenu du roi de venir au secours
de monseigneur Y Sambrena?
As-tu vu Charles V? as-tu vu son
palais? La reine de France est-
elle aussi belle que la nôtre? ses
dames et demoiselles sont-elles
bien parées? »

Diégo, qui se croyait déjà un
homme important, parce qu'il
avait été à Paris, ne répondait
qu'à ce qui lui paraissait utile,
et satisfit entièrement la curiosité
de son père et de sa mère sur les
bonnes intentions du roi et de la
reine à l'égard de Vicente. Il passa la nuit à la métairie, et à la
pointe du jour il partit pour la

capitale de la Navarre, où il arriva sans inconvénient. M. et madame de Rosales y étaient toujours, et le lendemain Vicente, Ambrosio et Valerenos devaient être interrogés.

La lettre de dom Carlos causa une grande satisfaction au marquis; mais il craignait que le secours dont lui parla Diégo ne vînt trop tard. « Hélas! disait-il, c'est demain qu'on les interroge; il n'y aura peut-être pas huit jours de distance entre cet interrogatoire et le jugement, et avant deux mois l'armée ne sera pas en Navarre! Mais il faut s'en rapporter à la Providence, qui gouverne toutes choses; elle ne permettra pas qu'une de ses plus belles créatures périsse sur un échaffaud, »

M. de Rosales récompensa magnifiquement le jeune Diégo, qui s'en retourna chez lui tout glorieux d'avoir tant d'or, et empressé de rejoindre son père pour lui dire ce qu'il avait oublié, que dom Carlos devait sous peu de jours se rendre dans la Navarre, où il précéderait l'armée, et qu'il demeurerait chez lui, ne voulant pas qu'on sût qu'il était en Espagne.

M. de Rosales voulut voir Vicente dès le soir même; mais cela fut impossible : le geôlier assura qu'il y allait de sa vie; que dom Clémenti lui avait donné l'ordre précis de ne laisser communiquer ceux des prisonniers qui devaient

être interrogés le lendemain,
avec qui que ce soit; et que s'il
apprenait qu'une ame vivante fût
entrée dans sa prison , le geolier,
serait pendu sur l'heure, que ce
fût ou non de son gré. « D'après
cela , monsieur le marquis, ce que
vous me demandez est impossible.
Tant qu'il n'a été question pour
vous servir que de perdre ma
place, je n'ai pas mieux deman-
dé , parce que j'étais persuadé
que vous m'en rendriez une autre
ou la valeur; mais à présent qu'il
n'est question de rien moins que
de perdre la vie, je ne puis pas la
risquer, parce qu'avec tout votre
or vous ne pourriez pas me la
rendre , et que je ne pourrais la
perdre sans entraîner la ruine de

ma femme et de six enfans. — A
cela, reprit M. de Rosales, je ne
pourrais rien objecter, et je serais
bien fâché d'envelopper dans notre malheur un brave homme qui
n'a nul rapport avec nous. Mais,
au moins, vous pouvez remettre
cette lettre à Vicente; vous voyez
qu'elle n'est point cachetée (et le
marquis la lui présentait avec de
l'or), par conséquent, ajoutait-
il, elle ne contient rien contre
l'Etat. — Donnez : il faut toujours
faire tout ce que vous voulez. »
Ce bon geolier aurait pu dire
comme dom Bazile : *Ce diable
d'homme a ses poches pleines d'ar-
gumens irrésistibles*.

---

* Dans le *Barbier de Séville.*

Vicente lut le billet de M. de Rosales, et ne le comprit qu'en partie, parce que le marquis ne voulait point mettre au hasard un secret aussi important à la délivrance de Vicente; mais il y apprit toujours que dom Carlos était vivant, qu'il s'occupait sans cesse de lui, etc. etc. C'était assez pour soutenir son courage : dans cet instant il en avait besoin, quand ce n'eût été que pour réprimer l'indignation que la présence du roi de Navarre allait lui causer, indignation qu'il fallait qu'il renfermât dans son sein, car sa vie en dépendait, et plus que sa vie, puisque c'était aussi Charles qui disposait de celle d'Isabelle. Cependant le moment de

l'interrogatoire lui promettait un
adoucissement à ses peines ; il se
flattait qu'au moins il verrait Isabelle : car de tous les maux le
plus cruel pour lui était l'absence.
Il avait pris la douce habitude,
pendant qu'il était dans la vallée,
de la voir chaque jour, de lui
parler de son amour ; et si la modestie empêchait Isabelle de lui
répondre comme elle eût fait en
ne consultant que son cœur, il li-
sait dans ses regards une bienveillance qui lui donnait plus de
confiance que des paroles souvent
trompeuses. L'ame d'Isabelle se
peignait toute entière dans ses
yeux, malgré le soin qu'elle prenait de cacher un sentiment, dont
elle prévoyait les suites funestes,

sentiment qui néanmoins faisait son bonheur et adoucissait les jours de sa captivité, que l'état de son père rendait infiniment triste.

Il n'y avait pas eu un instant d'intervalle entre les accès de fureur où il était tombé depuis celui où on avait forcé son asile. En vain, Isabelle avait essayé de rappeler ses esprits, elle n'avait pu y réussir. Elle n'apprit qu'avec un grand effroi que le roi voulait l'interroger. Elle ne doutait point qu'il ne parlât à Charles-le-Mauvais avec la liberté d'un être privé de la raison, et qui ne connaît plus aucune des distinctions que la société a établies. Elle savait les sujets de haine

que son père avait contre le roi,
et elle frémissait à la seule pensée
qu'il éclaterait peut-être en re-
proches sanglans. Elle réfléchissait douloureusement sur les suites que pourrait avoir cette liberté, quand elle le vit entrer
dans sa chambre. Il n'était point
accompagné, comme ordinaire-
ment, des deux maures qui ne le
quittaient pas. Elle ne put s'empêcher de frémir : elle redoutait
qu'il ne tombât dans sa fureur, et
ne concevait pas que ses gardiens
l'eussent laissé sur sa bonne foi,
quand elle fut frappée du calme
qui se peignait sur son front.
Son regard était triste, mais
doux, et même caressant. Un
douloureux souvenir errait sur

ses lèvres ; ses cheveux blancs
étaient relevés sur son front et
tombaient en boucles sur ses épaules ; son habillement n'était plus
en désordre : enfin tout annonçait
en lui le retour de la raison. Qui
avait pu opérer un aussi grand
changement ? elle ne tarda pas à
en être instruite.

CHAPITRE XIII.

IL y avait plus de vingt-quatre heures qu'Antonio n'avait laissé un moment de repos à ses gardiens: des cris furieux, des gestes menaçans, enfin tout ce qui caractérise la frénésie la plus cruelle, ne laissait nul espoir que le flambeau de la raison de cet infortuné pût se rallumer. Rebira en gémissait, et disait à un des esclaves: « Comment voulez-vous qu'il réponde aux interrogations du roi? cependant c'est demain que l'on doit le faire comparaître. — Demain! reprit Valérenos avec

un accent qui n'avait rien de celui de la fureur; demain! ah ciel!
protège l'innocence! ne permets
pas que des infortunés succom-
bent par les entreprises d'un ministre insolent et d'un roi aussi
faux que traître. Où est ma fille?
continua Valerenos en s'adressant
à Rebira. — Monseigneur, reprit
celui-ci avec une extrême surprise, elle est dans son appartement. — Conduisez-moi à l'instant auprès d'elle. » Puis s'adressant aux deux Maures : « Je n'ai
point besoin de vous. Pourquoi
êtes-vous ici? — Par ordre de M.
Clémenti. — Ah! j'entends, vous
êtes des guichetiers. Mais rien ne
vous oblige à être dans ma chambre; votre place est en-dehors de

ma porte, et le seigneur Clémenti ne peut vous avoir donné d'autres ordres. » Et les esclaves, qui n'étaient auprès d'Antonio que pour sa propre sûreté, le voyant parfaitement calme, se retirèrent. Le père d'Isabelle prenant le bras de Rebira, passa, comme nous l'avons dit, chez sa fille.

Quelle fut la joie et l'étonnement d'Isabelle en voyant son père tel qu'il était avant les malheurs qui avaient altéré sa raison! « Eh bien, ma fille, lui dit-il, c'est donc demain que nous comparaissons devant Charles! que lui dirai-je? Je sais bien que je le hais, mais je ne me souviens pas par quelle raison : je sais aussi que je suis venu dans ses états pour me

venger, mais il me semble qu'il
y a déjà bien des années. Combien avons-nous passé de tems
dans la vallée? — Six ans. — Ecou-
tez, mes amis; dites-moi, qu'est-
il donc arrivé pendant tout ce
tems? lorsque je veux me le rappeler, tous les événemens se con-
fondent; un seul surnage dans ce
profond oubli de toutes choses,
c'est la mort de l'infortuné. . . . .
mais je ne m'en rappelle plus les
circonstances. — Il n'est pas nécessaire; elles sont affreuses. —
Affreuses! oui, je crois me souvenir; c'est le roi de Navarre; il
était son parent. — Et qu'importe,
mon père, pensez seulement à
prouver votre innocence, à en
convaincre le conseil. — Je ne le

puis qu'en disant les motifs de
cette sigulière retraite, et je ne
me les rappelle pas. Isabelle ? —
Mon père? — Est-ce un songe qui
m'a abusé, ou l'ai-je réellement
transporté avec nous dans la forêt? Il me semble que je lui avais
élevé un tombeau. — Mon père,
oubliez ces tristes sujets. — Non,
ma fille, je ne le dois pas. J'avais,
je crois, fait un serment de ne jamais sortir de l'enceinte, de veiller sur ces précieux restes : l'ai-je
gardé ? Comment suis-je ici ?....
Ah! je me le rappelle, je suis prisonnier de Charles; mais il n'a pas
le droit de me retenir; je ne suis
pas son sujet. Ma fille, prends pitié du désordre de mes pensées;
ma raison est troublée. — Ah! di-

tes plutôt, monseigneur, interrompit Rebira ; qu'elle reprend
sa lumière ; vous êtes ici cent fois
plus raisonnable que dans la vallée. — Quoi! ma fille, serait-il
vrai que mes actions aient été
celles d'un homme en démence?
— Cela aurait été, mon père, que
mon respect pour vous m'eût em-
pêchée de m'en apercevoir. —
Mais, enfin, comment subsis-
tions-nous? » Rebira, qui dans
la prison comme dans l'enceinte,
était bavard, malgré les signes
que lui faisait Isabelle, raconta à
son maître tout ce qu'il les obli-
geait de faire pour honorer les
cendres de celui qu'il pleurait sans
cesse. « O mon Dieu! s'écria Antonio, voilà donc cette raison

qui nous rend si fiers et qui fait
que nous nous croyons si supérieurs aux animaux! Je vois par
tout ce que tu viens de me dire,
Rebira, que la mienne a été entièrement altérée par la mort de
mon prince. Ah! ma fille, que je
te plains! que tu as dû souffrir!
puisse le ciel touché de ta piété
filiale ne plus me priver de cette
lumière divine! Mais, dis-moi,
cher ange, quel est ce Vicente
qui partage notre sort? » Et Isabelle, qui n'avait pas encore été
instruite de qui son amant avait
reçu le jour, dit à son père qu'il
était fils du duc de Sambrena. —
Tans pis, ma fille, car nous ne
pouvons nous unir à un Navarrais.

Isabelle, qui craignait que la

moindre contrariété ne fît retomber son père dans son premier état, n'insista pas ; elle parla seulement avec éloge de Vicente, du malheur qu'il avait eu de pénétrer dans cette enceinte, où il avait été arrêté comme complice de la prétendue conjuration ; et elle ajouta à son père tout ce que ce jeune homme pouvait avoir à craindre du prince d'Astorga, qui le croyait son rival. Antonio le plaignit, et ne parut pas se souvenir que c'était Vicente qui l'avait fait tomber sous la puissance de ses ennemis. « Enfin, dit-il à Isabelle, c'est demain qu'il faut répondre devant le tyran : si Dieu ne m'avait pas rendu l'usage de la raison, il est bien à présumer

que vous étiez tous perdus; mais
si je la conserve, j'espère prouver
mon innocence et celle de Vicente
d'une manière irrécusable. »

Isabelle ne savait comment exprimer la joie qu'elle ressentait
de revoir son père tel qu'il avait
toujours été avant la mort de celui dont elle n'osait prononcer le
nom, dans la crainte de réveiller
les profondes douleurs d'Antonio;
elle élevait ses beaux yeux au
ciel pour lui rendre grace, et les
ramenait sur son père , dont elle
pressait la main dans les siennes;
et le bon vieillard pleurait de tendresse.

Quand Clémenti entra chez
Isabelle , il était dans les plus
grandes inquiétudes des suites du

procès de Valerenos : il voulait
sauver celle qu'il aimait; mais
comment la séparer de son père?
elle n'aurait pas voulu y consentir. On lui avait rendu compte
de l'état où son prisonnier avait
été tout le jour, et il ne lui paraissait pas possible, dans sa situation, de le faire sortir du fort
sans que l'on s'en aperçût. Il venait néanmoins chez Isabelle pour
savoir très-précisément comment
Antonio était. Sa surprise fut extrême en le trouvant habillé, du
sens le plus rassis, et causant affec-
tueusement avec sa fille. « Quel
bonheur vous rassemble, dit Clémenti, je croyais dom Antonio
malade sérieusement. — Jamais je
ne l'ai été d'une manière aussi

grave ; mais le ciel a eu pitié de
moi, de ma fille ; il a permis que
lorsque j'étais en proie au plus
terrible délire, les mouvemens
convulsifs dont j'étais tourmenté
depuis vingt-quatre heures se cal-
massent ; tout à-coup je me sentis
assoupir, et il me semblait qu'à
mesure que mes yeux se fermaient
il passait dans mes veines une
fraîcheur qui, à son tour, m'invitait au sommeil. Il n'était pas si
profond que je n'entendisse ce que
mes gardiens disaient, me croyant
toujours l'esprit aliéné : ils s'entre-
tenaient entre eux sans prendre
garde à moi, comme on parle devant un enfant, des choses les
plus importantes, pensant qu'il
ne les comprend pas. J'entendis

qu'ils parlaient d'un procès, et je
ne fus pas long-tems sans savoir
que c'était moi qu'on devait juger.
Le sentiment de mon innocence a
été le premier dont j'ai repris la
conscience; ainsi je ne craignais
rien : mais quand ils dirent que le
roi devait m'interroger le lendemain, il se fit en moi une révolu-
tion qui, je crois, m'a rendu le
sens, dont, sans le savoir, j'étais
privé : l'idée qu'enfin j'allais avoir
l'occasion de m'entretenir avec
Charles, de dévoiler dans le conseil des événemens qui se sont
passés il y a plusieurs années,
que je prouverais mon innocence,
me faisait en quelque sorte revi-
vre, quant tout-à-coup mes idées
se brouillèrent de nouveau; je

perdis encore le souvenir, et je
sentis le besoin que j'avais d'être
près de ma fille pour me rappeler
avec ordre ce qui s'était confusé-
ment offert à mon imagination.
Au moment où j'avais recouvert
la raison, je fus frappé du désordre de mes vêtemens; je me
hâtai de le réparer et me fis conduire près d'Isabelle; là j'appris,
non par elle, car elle s'obstinait
à me le cacher, le malheur dont
j'avais été atteint, mais par Rebira; ce fut lui qui me dit à quel
point mes lumières naturelles
avaient été obscurcies : je les ai
recouvrées; puisse le ciel, je ne
cesse de le répéter, me les conserver! je ne puis espérer que par
elles d'échapper à la mort qu'un

8.

tyran farouche me prépare. Ce
n'est que dans son conseil que
l'on apprendra quel est celui que
je pleure, et les rapports qu'avait
avec Charles l'objet de mes larmes. Je n'en mourrai peut-être
pas moins, mais j'aurai la satisfaction d'apprendre à la postérité
jusqu'à quel point votre roi fut
criminel. — Ce que vous voulez
entreprendre, cher Antonio, ne
vous sauvera pas, et vous ne pouvez périr sans entraîner dans votre perte Isabelle; c'est donc pour
elle que je vous demande de vous
abandonner à moi : j'ai encore le
pouvoir de vous faire sortir du
fort. Qui sait, après l'interrogatoire, si vous me serez confié ?
Venez ; profitons du seul instant

qui nous reste : des mulets et une litière vous attendent ; je vous accompagne en France, et je ne remets à personne le soin de conserver une tête si chère. — Généreux étranger, interrompit Isabelle, je sens tout le prix du sacrifice que vous voulez me faire, mais je ne dois l'accepter qu'à une condition. — Pouvez-vous en mettre, Isabelle, lorsqu'il s'agit du salut de votre père ? — J'accepte, reprit-elle, que vous nous fassiez ouvrir les portes ; mais pourquoi quitteriez-vous la Navarre, où la fortune vous promet ses faveurs ? N'est-ce donc pas assez de soustraire notre tête à la fureur du roi ? pourquoi vous attacher au sort de malheureux proscrits ? —

Pouvez-vous me le demander, Isabelle? est-il pour moi d'autre patrie que le pays où vous fixerez votre séjour, ou, plutôt, la mienne ne doit-elle pas devenir la vôtre? Laissez-moi vous conduire à Naples; vous y serez reçue par ma mère avec tous les égards que vous méritez. — Non, dit Antonio qui avait paru enseveli dans de profondes réflexions; non, seigneur Clémenti, je ne puis consentir à ce que vous me proposez : il y a long-tems que je désire de trouver l'occasion de pouvoir parler, sans contrainte, au roi de Navarre; le moment est venu, je ne le laisserai point échapper. — Ah! vous ne connaissez donc point ce prince? la vérité l'irrite ; il semble qu'il ait juré de ne la dire ni de l'entendre. J'ignore ce que vous pouvez avoir à lui reprocher, mais je sais bien qu'il ne vous le pardonnera pas. — Je mourrai. — Mais Isabelle ? Ciel ! vous pouvez condamner tant de charmes et de vertus à la mort ! — Je voudrais qu'il fût possible de l'y soustraire sans vous compromettre, et surtout sans nuire à sa réputation ; si vous pouvez la faire conduire en France avez sa duègne ?.... — Sans vous, mon père ? non, jamais ! »

Isabelle ne disait pas sa véritable pensée ; elle aimait et respectait son père ; elle ne voulait pas s'en séparer, mais elle voulait encore moins s'éloigner de Vicente avant de savoir ce qu'il deviendrait : elle ne pouvait se dissimuler que sans l'amour qu'il avait conçu pour elle, il lui aurait été facile d'échapper à la mort. Elle se regardait donc comme la seule cause du danger qu'il courait; qu'il lui avait tout sacrifié, fortune, rang, patrie, et que l'abandonner dans cet instant, était une ingratitude dont son cœur ne pouvait être capable : d'un autre côté, ne pas accepter les offres de Clémenti, ne pas sauver son père, même malgré lui, était un tort bien grave. Ainsi, la pauvre Isabelle, en proie à un sentiment qui ne pouvait faire son bonheur, appelait inutilement à son secours l'amour filial pour régler sa conduite; mais elle trouva dans son père une telle opposition aux offres de Clémenti, qu'elle parut forcée à se soumettre à sa volonté, tandis que, dans le vrai, elle ne suivait que la sienne.

Clémenti, désespéré, ne put s'empêcher de lui dire qu'il voudrait bien être à la place de celui pour qui elle préférait les fers et la mort, à une existence où elle eût été environnée de tout ce que les hommes appellent jouissances. « Mais vous me les devriez, Isabelle, cela suffit pour n'en pas vouloir. »

Isabelle n'eut pas l'air d'entendre ce reproche; elle assura le Napolitain qu'elle n'oublierait

jamais l'intérêt qu'il avait marqué à son père. Clémenti n'insista pas, et dit seulement en
sortant : « Si vous mourez, je
mourrai avec vous.

———————

CHAPITRE XIV.

PENDANT que cette scène se passait dans la prison, une, non moins extraordinaire, avait lieu chez la marquise de Rosales.

Le marquis avait écrit à dom Fernando, qu'il paraissait que le jugement de son fils serait très-prompt, et qu'il était étonné qu'il ne vînt pas chercher les moyens de le sauver. « Est-ce donc une raison, après l'avoir déshérité, de ne plus prendre à lui le moindre intérêt. » Le duc sentit qu'il était impossible de rester dans l'inaction à l'instant du jugement de son fils. Il partit donc seul, car la duchesse prétexta les souffrances que lui causait sa grossesse, pour ne pas quitter Sambrena.

Dom Fernando descendit, à Pampelune, chez M. de Rosales; car ayant quitté la cour, il n'avait pas de palais dans cette ville, où il ne comptait plus revenir. « Je ne sais réellement, dit-il en arrivant à dom Emmanuel, ce que je puis faire pour cet extravagant qui a préféré tout ce que l'homme regarde comme de véritables malheurs à l'existence la plus brillante. Je ne puis voir le roi, qui me croit instruit des projets qu'avait formés mon fils. Le prince d'Astorga est trop habile politique, pour paraître l'a-

mi du père d'un proscrit; que
puis-je faire? — Gagner les gar-
des, le faire sortir secrètement.
— Il ne voudra pas quitter le fort
tant qu'Isabelle y sera. — Faites
les enlever l'un et l'autre, et con-
duisez-les en France. — Ce serait
peut-être ce qu'il y aurait de
mieux à faire; mais nous ne pouvons rien que d'accord avec le
seigneur Clémenti : venez, allons
le voir. »

A peine avaient-ils quitté le
palais du marquis, qn'on vint
annoncer le prince d'Astorga à
madame de Rosales, qui était
restée seule dans un pavillon au
bout du jardin. Elle se leva aussitôt pour aller le recevoir; mais
le ministre avait suivi le valet de

chambre de la marquise, et il entra en même tems que lui dans le pavillon. Madame de Rosales voulait néanmoins sortir; il la pria de ne se point déranger ; que d'ailleurs ce qu'il avait à lui dire demandait beaucoup de mystère, et que ce pavillon y invitait. C'était précisément ce que pensait la marquise, et qui lui faisait désirer de retourner dans son appartement, trouvant ce lieu trop écarté. Elle connaissait le peu de délicatesse du prince; elle savait qu'il ne s'embarrassait pas qu'on partageât ou non ses transports, pourvu qu'il vînt à son but. Il ne lui laissa pas long-tems de doute sur ses vues. — « Nous ne sommes point d'âge, madame, à craindre d'indiscrétion, et nous pouvons l'un et l'autre nous charger du soin de notre réputation. Quelque chose qui arrive, je jure que la vôtre restera intacte : votre inté- rêt vous fera ménager la mienne.

» Je viens ici avec le désir de sauver Vicente; mais il ne peut l'être qu'à une seule condition. Depuis vingt ans je vous aime; j'ai cherché inutilement, et dans une union légitime, et dans tout ce que la cour et la ville ont pu m'offrir de plus séduisant à effa- cer votre idée de mon ame, rien n'a pu y réussir; je vous aime comme au premier jour; je vous aime d'un amour de jalousie tel, que c'est à cause de vous que j'ai fait enfermer le fils de mon ami :

il m'a suffi de le savoir mon rival
pour le perdre ; justice, amitié,
intérêt même, car j'en avais à
ménager le duc, j'ai tout sacrifié
à ma vengeance, et je suis prêt
à sacrifier ma vengeance au bonheur de vous posséder. Chère Carolina, un mot, et je signe l'ordre
de l'élargissement de Vicente.
Puis-je faire davantage ? Vous
gardez le silence! vos yeux se dé-
tournent des miens! Ne croyez
point, néanmoins, que je manque
cette occasion que la fortune m'a
ménagée. Caroline, tu seras à
moi, ou en cédant aux vœux de
ton amant, ou à la vivacité de ses
transports dont il n'est plus le
maître. » En disant ces mots, il
se jette aux genoux de Carolina ;

elle le repousse avec horreur; l'indignation enchaîne sa langue, mais lui donne des forces supérieures à celles de son sexe. Le prince, étonné de tant de résistance, est décidé à tout tenter. Carolina est parvenue à se lever; elle repousse sans cesse son farouche ennemi. Mais, ô bonheur inespéré! elle croit apercevoir quelqu'un qui vient au pavillon : elle est sûre que le prince a négligé d'en fermer les portes : elle redouble de courage, quand, au moment où Astorga croit avoir épuisé les forces de son adversaire, la porte du pavillon s'ouvre; c'est le duc et son ami. Autant madame de Rosales implorait le ciel pour qu'il lui envoyât

du secours, autant elle fut déses-
pérée quand elle vit son mari. Le
marquis ne fut pas trompé un instant, et il jugea aussitôt que le
prince était seul coupable ; et,
sans lui donner le tems de se remettre, il tire son épée, et lui
crie : « Défendez-vous, ou vous
êtes mort. » D'Astorga, en en-
trant dans le pavillon, avait jeté
ses armes sur un meuble près de
la porte ; le duc lui remit son
épée, et le combat le plus terrible commença aussitôt entre le
prince et M. de Rosales. La marquise voulut s'élancer entre eux
pour les séparer, mais le duc la
retenait. Déjà le prince et le marquis avaient reçu de profondes
blessures ; leur sang coulait, et la

victoire néanmoins restait indécise. Enfin, le ciel protégea le parti le plus juste, et le marquis porta un coup si terrible au prince, que celui-ci tomba aux pieds de Carolina.

Le duc s'empresse de le relever, et s'occupe aussitôt des moyens de dérober à la cour et à la ville la connaissance de ce dangereux combat. « Je ne crois pas, dit M. d'Astorga, être blessé à mort, mais je suis hors d'état de retourner à cheval à mon palais. Cependant, je ne veux point perdre Rosales, dont le ressentiment était juste : faites venir un chirurgien qui me pansera sans me connaître; je m'en rapporte à vos soins : votre intérêt à tous m'en serait garant, si je ne croyais encore plus à votre loyauté. »

Le marquis, désarmé par cette

confiance, pria le duc d'avertir
son valet-de-chambre , homme
sur lequel on pouvait compter
pour le zèle et la discrétion ; et,
pendant le tems que Fernando
cherchait Tomès (c'était le nom
de ce valet-de-chambre), la marquise resta seule avec les deux
blessés, occupée à étancher leur
sang, car Emmanuel l'était presqu'autant que le prince.

Celui-ci osait à peine lever les
yeux sur Carolina ; il n'en était
pas moins touché de ses soins, et
se trouvait heureux que le danger de son état lui procurât le
bonheur de la voir occupée à
conserver sa vie avec une sensibilité rare, quand il ne pouvait
se dissimuler qu'il n'avait mérité
que son indignation. Ils gardè-
rent tous trois le silence. Qu'au-
raient-ils pu se dire?

Enfin le duc revint avec Tomès
et un chirurgien. Celui-ci sonda
les plaies du prince et d'Emmanuel, aucune n'était mortelle;
mais celles d'Astorga étaient dan-
gereuses, il fallait qu'il fût transporté avant que la fièvre se dé-
clarât. Et comment sortir en litière de chez le marquis, sans que
l'on sache qu'ils s'étaient battus?
et alors M. de Rosales avait tout
à redouter de la colère du roi. Le
prince était venu avec peu de
suite; le duc se chargea de ren-
voyer les gens qui avaient accompagné M. d'Astorga, en disant qu'il resterait jusqu'au soir,
car il fallait attendre la nuit pour
sortir.

Tomès se chargea de trouver
une litière dont il conduirait les
mulets, déguisé de manière à n'ê-
tre point reconnu : ce Tomès

avait de l'esprit, et il assura qu'il se faisait fort de persuader à tout ce qui était dans l'hôtel qu'il arrivait de plus de dix lieues. « Et pendant, dit-il, qu'on sera occupé autour de monseigneur, je me déroberai à la curiosité, reconduirai mes mulets à ceux qui me les auront loués, et reviendrai ici sans que personne ait le moindre doute de ce que j'aurai fait. »

On trouva que ce que Tomès proposait était le meilleur parti ; on disposa tout pour le suivre. La nuit étant close, le duc, aidé de Tomès, plaça le prince d'Astorga dans la litière que l'on avait fait avancer à la porte du jardin qui était près du pavillon : cette porte donnait dans une ruelle peu fréquentée; de sorte que personne ne vit sortir le prince d'Astorga de chez M. de Rosales.

On juge aisément que l'on fut
frappé d'un étonnement bien douloureux au palais d'Astorga quand
on le vit dans l'état où il était : la
princesse, qui malgré les infidé-
lités continuelles de son époux,
ne l'en aimait pas moins, était au
désespoir et n'osait l'interroger ;
mais il fut le premier à raconter
qu'ayant à aller pour une affaire
de la dernière importance et qui
demandait le plus grand secret, à
dix lieues de la capitale, il avait
été d'abord chez le marquis de
Rosales, d'où il avait renvoyé
ses gens et pris une litière de
louage; en revenant il avait été
attaqué par des voleurs, qui l'au-
raient privé de la vie si on n'était
venu à son secours, car ils l'a-
vaient laissé demi-mort sur le
grand chemin, après avoir tué le
muletier et emmené les mulets;

« et sans le brave homme qui passait avec sa litière, j'étais perdu ; il m'a conduit chez lui ; le chirurgien du village m'a pansé, puis le muletier m'a proposé de me ramener ici ; j'ai accepté. Je recommande qu'on en ait grand soin, qu'on lui donne bien à souper, un bon lit, et vingt-cinq pièces d'or lorsqu'il partira. — Mais je crois qu'il est parti, dit un des gens du prince. — Parti ! reprit M. d'Astorga, j'en serais bien fâché, car je ne sais pas son nom ; mais je le ferai chercher, et on n'aura pas de peine à le trouver.

Le chirurgien du prince, qu'on avait averti, lui trouva de la fièvre ; il leva l'appareil : les plaies étaient enflammées ; il ne répondit point des suites. La princesse, qui était témoin de cette décision, s'évanouit, et son état

inquiéta tout ce qui l'entourait :
elle était si bonne, si généreuse,
qu'elle était adorée dans sa maison ; tout le monde la plaignait
d'avoir un époux si volage, car
on était bien persuadé, dans son
palais, qu'il avait été blessé dans
quelque rendez-vous; et quoique
l'on ne se doutât point que ce fût
chez M. de Rosales qu'il eût été
attaqué, on devinait le fond de
l'aventure et on ne le plaignait pas.

Les soins que l'on donna à la
princesse la rappelèrent à la vie;
elle ne s'en rapporta à personne
pour ceux que demandait l'état
de son mari : elle se fit dresser un
lit dans sa chambre, et ne le
quitta pas d'un instant.

Dès que le roi eut appris l'accident arrivé à son ministre fa-
vori, il accourut chez lui, et lui
donna de grands témoignages

d'attachement : il le regardait comme l'ame de son conseil ; il était le seul à qui il permît de lire dans sa pensée ; sa mort eût été pour Charles le plus grand malheur ; aussi demanda-t-il avec un désir extrême de savoir la vérité, où et par qui il avait été blessé. M. d'Astorga supplia S. M. de ne pas le contraindre à s'expliquer sur cet objet. « J'entends, dit le roi: Est-il possible, Astorga, que vous exposiez ainsi une vie qui m'est si précieuse ? » Il l'engagea à se ménager infiniment, et ajouta : « Je viendrai travailler chez vous dès que vous serez en état : ce qui me fait peine, outre le chagrin de vous voir malade, c'est qu'il me faudra encore remettre l'interrogatoire des conjurés ; car je veux qu'il soit fait en votre présence. »

M. d'Astorga assura le roi qu'il serait dans très-peu de jours en état de se rendre au conseil, et qu'il s'estimait heureux qu'un accident qui pouvait lui coûter la vie lui procurât, au contraire, le plus grand honneur qu'un sujet pût recevoir. La princesse reconduisit le roi jusqu'au bas des dégrés, et revint auprès du lit de son malade, dont l'état lui causait tant d'alarmes.

On attendait le retour de Tomès avec une extrême inquiétude ; et ce fut une grande satisfaction quand on le vit revenir, et elle fut encore plus grande quand il parut certain que l'on n'avait aucun doute de ce qui s'était passé ; mais ce qui pouvait en donner, c'était de ne point voir M. de Rosales sortir de chez lui. Il parut donc plus prudent qu'il retour-

nât à Toloza pendant quelque
jours. Ses blessures n'avaient rien
d'inquiétant, mais il fallait qu'il
eût le bras en écharpe : c'était
assez pour faire dire qu'il s'était
battu : le prince étant aussi blessé,
le rapprochement était facile à
faire, et le marquis était perdu,
parce que Charles eût regardé ce
combat comme un attentat à sa
puissance royale dans la personne
de son premier ministre. Il fut
donc résolu que le marquis par-
tirait; madame de Rosales voulait l'accompagner, mais il s'y
opposa. « Mon état, dit-il, n'a
rien de dangereux; j'emmène Tomès qui me pansera aussi bien
qu'un chirurgien, et vous, ma
chère Carolina, vous êtes ici très-
nécessaire au duc et à son fils. »
Le duc s'excusa aussi d'accompagner son ami, sur une attaque

de goutte qui l'empêcherait de monter à cheval, et il détestait la litière : le véritable motif qui le déterminait à rester à Pampelune n'était connu que de lui ; mais bientôt le lecteur en sera instruit, et verra ce que Fernando avait imaginé pour soustraire à la mort celui qu'il croyait son fils.

M. de Rosales, suivi seulement de Tomès, partit pour Tolosa, et n'en devait revenir que parfaitement guéri : la marquise partagea son tems entre son cher prisonnier et de bonnes religieuses de l'ordre de Sainte-Thérèse, dont le couvent est encore sur la place de Castille. Ces dignes filles firent passer dans l'ame de la marquise le détachement du monde, qu'elle avait déjà tant de raisons de haïr, mais qui, surtout, lui

était devenu insupportable depuis que le prince d'Astorga avait
osé lui offrir des vœux sacrilèges;
et elle résolut, aussitôt que Vicente serait libre, de retourner à
Toloza, où elle vivrait dans la plus
profonde retraite. Mais l'homme
fait en vain des projets; ceux de
la marquise n'auront point leur
exécution; et c'est ce que nous
verrons dans la dernière partie
de ces mémoires.

FIN DU TOME TROISIÈME.